어린이 의학도를 위한
놀라운 의학사

미라와 흑사병부터 MRI와 인공사지까지

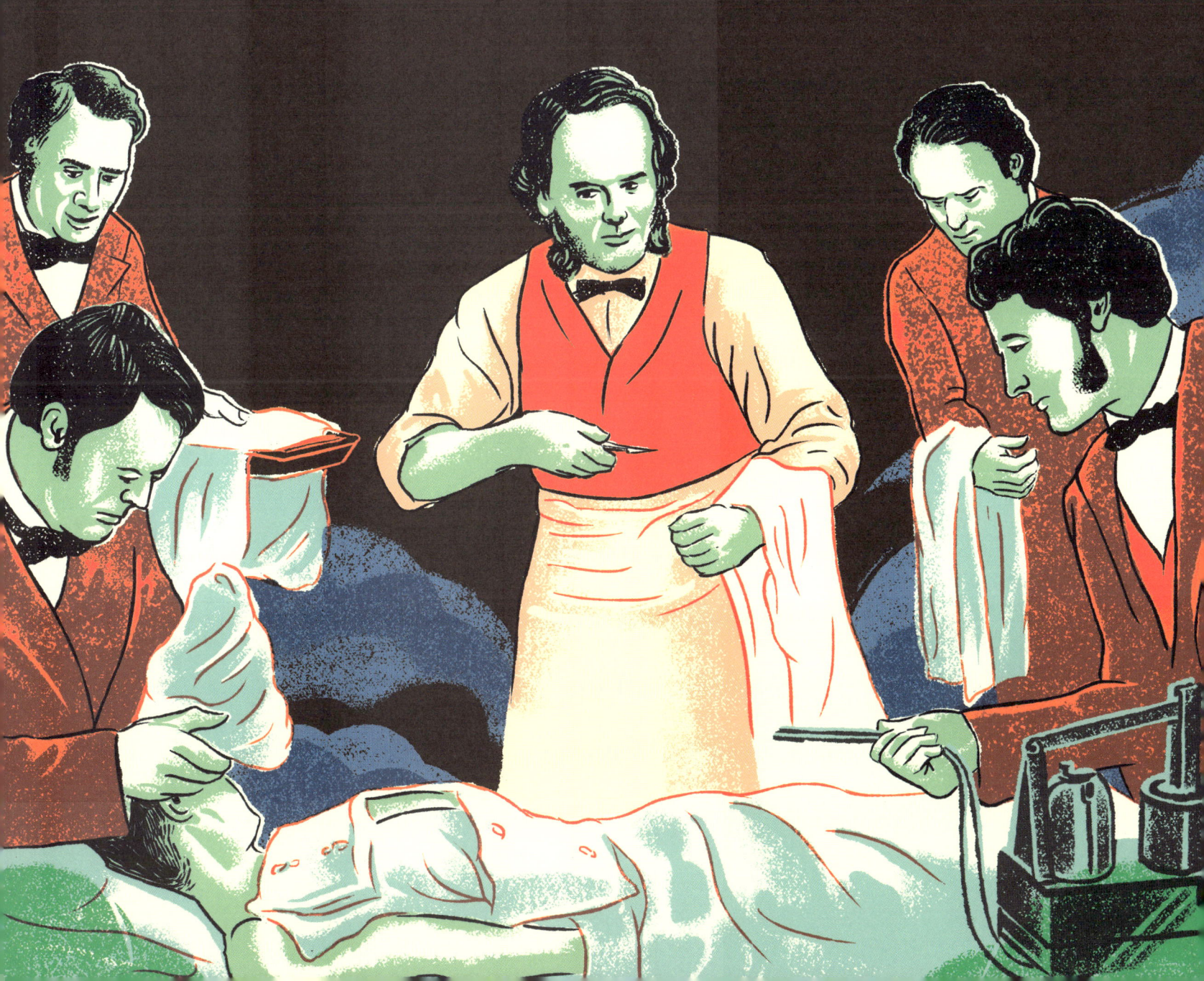

글 **브라이오니 허드슨**
박물관 큐레이터이자 역사학자로 영국에서 활동하고 있어요. 『대중 의약품』, 『런던대학교 약학부』 등 의학 책을 여러 권 썼어요.

그림 **닉 테일러**
영국 노팅엄셔에 사는 일러스트레이터이자 그래픽 아티스트예요. 판화를 전공했고, 디지털 기술을 활용한 작업에 관심이 많아요.

옮김 **신동경**
서울대학교 독어교육과를 졸업하고 한신대학교 신학대학원에서 공부했어요. 지금은 과학책을 읽으며 느낀 즐거움과 감동을 어린이들에게 전하는 글을 쓰며 지내지요. 옮긴 책으로는 『백신은 똑똑해』, 『유전자는 왜 그럴까?』, 『나는 오늘도 파리를 관찰합니다』, 『우리 집을 정글로』 등이 있어요.

어린이 의학도를 위한
놀라운 의학사

2024년 4월 25일 초판 1쇄 인쇄
2024년 5월 20일 초판 1쇄 발행

글쓴이	브라이오니 허드슨
그린이	닉 테일러
옮긴이	신동경
펴낸이	김상미, 이재민
편집	이지완
디자인	나비
펴낸곳	(주)너머_너머학교
주소	서울시 서대문구 증가로20길 3-12 1층
전화	02)336-5131, 335-3366, 팩스 02)335-5848
등록번호	제313-2009-234호
ISBN	979-11-92894-50-8 73510

Medicine A Magnificently Illustrated History
Text copyright © 2022 by Briony Hudson. Illustration copyright © 2022 by Nick Taylor.
Design copyright © 2022 by Big Picture Press. First published in the UK in 2022 by Big Picture Press,
an imprint of Bonnier Books UK 4th Floor, Victoria House Bloomsbury Square, London WC1B 4DA.
Owned by Bonnier Books Sveavägen 56, Stockholm, Sweden.
Korean edition copyright © 2024 by Nermer Inc., All rights reserved.
This Korean edition is published by arrangement with Big Picture Press, an imprint of Bonnier Books UK Ltd.,
through Shinwon Agency Co., Seoul.

너머북스와 너머학교는 좋은 서가와 학교를 꿈꾸는 출판사입니다.
https://blog.naver.com/nermerschool

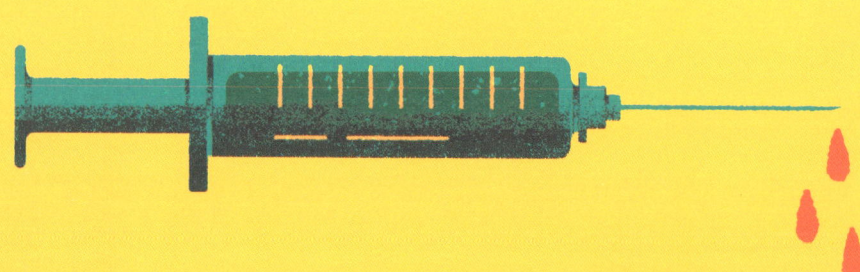

어린이 의학도를 위한
놀라운 의학사
미라와 흑사병부터 MRI와 인공사지까지

브라이오니 허드슨 글 | 닉 테일러 그림 | 신동경 옮김

너머학교

차례

- 6   의학의 역사
- 8   과거에서 배우다

어디가 아프신가요?
- 10   고대의 신념
- 12   정신 건강
- 14   약은 어떻게 작용하는가
- 16   의학과 윤리

신체 내부를 보다
- 18   인간의 몸을 열어라
- 20   우리 몸을 재다
- 22   바깥에서 몸 안을 보다
- 24   점점 더 작은 세계로

약을 발명하다
- 26   식물은 힘이 세다
- 28   말라리아 치료제가 나오기까지
- 30   약을 제조하다
- 32   약 사세요

통증과 감염 피하기
- 34   약? 독?
- 36   병원의 역사
- 38   과거의 수술
- 40   기적 같은 마취제

42 감염을 막자
44 공중 보건

전염병, 팬데믹, 바이러스와 백신
46 전염병과 팬데믹
48 흑사병
50 콜레라
52 백신을 발명하다
54 끝나지 않는 도전

의료 전문가들
56 의사가 되려면, 평등을 위해 싸워라
58 조산술
60 특별한 의료 전문가, 치과의

전쟁과 의료
62 전쟁이 혁신을 가져오다
64 간호사가 전문직이 되다
66 기적의 약, 페니실린

의학과 모험
68 특별한 상황, 특별한 의료
70 의학 발전에 자기 몸을 내놓다

더 나은 삶을 위한 의료
72 만성 질환
74 이식, 새 생명을 얻다
76 인공 기관
78 미래의 도전에 맞서며

80 용어 해설

의학의

장벽 허물기

도시바이 파텔(1881-1960)은 고향인 인도 뭄바이에서 의사가 되기 위한 훈련을 받은 뒤 영국에서 의학을 공부했어. 영국 왕립의과대학에서 여성으로는 처음으로 의사 면허를 받았으며, 잉글랜드 왕립외과의사회의 첫 여성 회원이 되었고, 인도 여성으로는 처음으로 런던 열대의학대학원에서 의학박사 학위를 받았지. 인도 의과대학에서 처음 강의한 여성도 파텔이었어. 그리고 제2차 세계 대전 기간에 인도에서 적십자 활동을 한 공로로 1941년에 대영 제국 훈장을 받았어.

의학의 역사는 모든 사람 그리고 모든 몸의 과거와 현재의 역사야. 오늘날 사람들이 경험하는 것은 옛날 사람들이 경험한 것과 여러 측면에서 비슷해. 머리가 아프다고? 그럴 땐 두통을 가라앉힐 방법이 무엇인지 물어봐. 다리가 부러졌다고? 부러진 뼈를 붙이는 처치와 통증을 줄이는 치료를 동시에 받지. 하지만 다른 측면에서 보면 오늘날과 과거의 의료 행위는 매우 달라. 오늘날에는 우리 몸이 어떻게 작동하는지 과학적으로 이해하게 되었고, 전문 의료인들이 상주하는 병원이 생겼어. 여러 치료 방법 중에서 가장 효과가 좋은 것을 선택하게 되었지. 이 모든 것이 의료를 혁명적으로 변화시켰어. 환자들과 의료인들은 어려운 문제에 부닥칠 때마다 새로운 약과 더 나은 소통 방법을 비롯한 해결책을 찾아냈어. 이런 노력이 의학을 늘 변화시켜 왔지.

그저 꾸준히 발전해 왔다고 쓰여지기도 했지만 의학의 역사는 결코 단순하지 않아. 과거에는 언제 어디에서 살았는지에 따라, 부자인지 아닌지에 따라, 또 성별, 인종, 나이 등에 따라 잘 걸리는 병도 달랐고 치료법도 제각기 달랐어. 개인이 각자의 경험을 어떻게 느꼈는지를 밝히는 것은 새로운 치료법과 기술에 관한 이야기만큼이나 중요해. 물론 그 증거를 찾기는 쉽지 않지만 말이야.

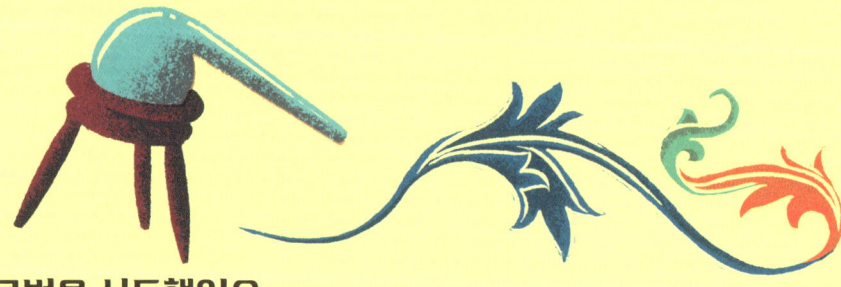

다양한 치료법을 시도했어요

1600년대에 영국에 살았던 메리 클라크는 자신과 자녀 11명, 그리고 하인들의 건강을 위해 여러 곳에서 의학적 조언을 구했어. 남편에게 쓴 편지를 보면, 혹과 멍을 치료하기 위해 갈색 종이를 이용했으며, 얼굴이 부은 아이들에게 대황이라는 식물을 먹였어. 또 헝가리 워터(백포도주와 로즈메리)와 장미 시럽을 구입한 **약종상**은 클라크가 아이들이 아플 때마다 조언을 구하는 사람이었지. 아이들이 **구루병**으로 보이는 병에 걸려 집과 동네에서 구한 치료약이 듣지 않자 유명한 의사이자 철학자인 존 로크(1632-1704)와 상의했어. 가족의 친구였거든.

역사

의학의 역사는 전 지구적인 역사야. 사람, 질병, 아이디어가 긍정적인 영향과 부정적인 영향을 동시에 미치며 몇 세기에 걸쳐서 이동했기 때문이지. 유럽인 정복자들은 **식민지**에 끔찍한 질병을 옮겼고, 그곳의 전통 의학을 무시했어. 그 유산이 지금까지 영향을 미치고 있지. 좋은 약과 의료 서비스가 모두에게 주어지지 않는 불평등이 여전히 존재하지만, 전 세계적으로 지식을 공유해서 치료법과 기술의 발전이 빨라졌어. 이런 현상의 인상적인 사례가 **백신**이야. 백신 보급 덕분에 천연두를 지구에서 몰아냈고, 코로나19 백신은 유례없이 빠른 속도로 개발되었지.

의학의 역사는 진보를 기록할 뿐만 아니라, 성공과 실패 뒤에 숨어 있는 복잡한 이야기까지 파고들어. 역사가들이 주로 백인 남성 개인이 이룬 것에만 주목하는 경우가 많았지만, 팀워크와 협동으로 혁신이 이루어진 예도 많아. 과거에 대해 더 많은 것을 밝혀낼수록 의학의 역사는 풍부해질 거야.

국경을 넘어

페디아노스 디오스코리데스는 그리스 군의관이자 식물 채집자로 오늘날 튀르키예 아나바르자에서 40년에 태어났어. 그가 쓴 다섯 권짜리 책 『약물에 대하여』에는 치료 효과가 있는 식물 830종과 광물, 동물이 자세히 기록되어 있어. 이 책은 여러 언어로 번역되었고, 1,500년이 넘는 기간 동안 유럽과 아랍 세계에 영향을 미쳤어.

다채로운 역사

서아프리카에서 태어난 콰시무캄바(1692-1787)는 어렸을 때 노예로 붙잡혀 네덜란드인 주인과 함께 남아메리카로 갔는데, 그곳에서 치유자로 성공했어. 돈을 벌어 자유인이 되었지. 토착 식물 나무껍질로 만든 쓴 차가 장내 기생충이 일으키는 감염을 효과적으로 치료한다는 것을 발견한 것도 돈을 모으는 데 얼마간 도움이 되었어. 이후 유명한 분류학자 칼 폰 린네(1707-1778)는 콰시무캄바의 이름을 따서 그 식물에 콰시아 아마라(Quassia amara)라는 학명을 붙였어. 유럽인들도 구토와 고열을 치료하는 데 나무껍질을 사용했어. 지금도 과학자들은 **당뇨병**과 말라리아 같은 질병 치료에 나무껍질을 이용할 방법을 연구하고 있어.

과거에서 배우다

옛사람들이 어떻게 살았는지 파악하려면 탐정이 되어야 해. 인류는 늘 질병과 부상으로 고통을 받아 왔는데, 과거의 치료법과 믿음을 이해하려면 지금까지 남은 역사적 증거를 조사해야 해. 뼈, 손으로 쓴 문서, 초상화, 노래를 비롯한 모든 것이 과거를 보여 주는 실마리야.

삶의 흔적이 드러나다

뼈와 미라를 조사하면 그걸 남긴 사람이 어떻게 살았는지 알 수 있어. 오늘날, 과학자들은 현대 의학 기술로 뼈와 미라를 연구하여 과거의 질병, 부상, 음식 등 많은 것을 밝혀내.

골고고학자라 불리는 과학자들은 여러 시대의 뼈를 연구하여 암, 전염병, **골절**, 비타민 **결핍**, 충치의 흔적을 찾아냈다. 부상에서 회복된 뼈는 초기 인류가 심각한 상처를 성공적으로 치료했다는 증거를 보여 준다.

미라가 된 시체에는 놀랍게도 부드러운 조직이 남아 있다. 1993년, 과학자들이 시베리아 알타이산맥에서 25세 여성의 냉동 미라를 발견했다. MRI 검사 결과, 이 여성은 유방암과 뼈 감염으로 고통받았다. 또 말에서 떨어져 큰 부상을 입었던 것 같다.

1972년, 과학자들이 영국 요크에서 바이킹의 똥 화석(분석이라고 한다.)을 발견했다. 현미경으로 조사했더니 똥에 꽃가루와 겨뿐 아니라 **기생충** 알이 수백 개나 들어 있었다. 이 똥을 눈 사람의 위와 장에는 기생충들이 우글거렸을 것이다.

문자 기록과 유물

가장 오래된 의료 기록 가운데 약 4,000년 전 지금의 이라크, 튀르키예, 이란의 일부 지역에 살았던 아시리아인들이 남긴 것이 있어. **처방**과 치료법을 점토판에 **쐐기문자**로 기록했지. 호주와 아메리카 **선주민**을 포함한 여러 민족은 이야기와 노래로 의학 지식을 전했어.

1400년대에 인쇄술이 발명되기 전에는 손으로 일일이 베껴서 책을 만들었기 때문에 책은 비싸고 희귀했어. 인쇄술이 발명되고 글을 읽을 줄 아는 사람이 늘자 의학 서적을 통한 정보 소통의 속도가 빨라졌지. 그래도 어려운 전문 용어 때문에 보통 사람이 이해하기는 어려웠어. 16세기에 손으로 쓴 처방전이나 19세기 질병 교과서를 들여다보면, 그 문서를 기록한 사람들의 생각을 읽어 낼 수 있지.

고고학자와 **큐레이터**는 유물을 연구해 과거를 밝혀. 예를 들어, 고대 로마의 수술 도구는 오늘날 우리가 사용하는 것과 매우 비슷해. 이는 그 도구들의 용도가 크게 바뀌지 않았다는 뜻이지. 역사가들은 도자기 단지에 적힌 라틴어 라벨을 읽어서 17세기 약종상들이 무엇을 팔았는지 밝히기도 해.

발견이 지식을 바꿔요

역사적 증거는 과거 사람들의 의학적 지식과 믿음을 알려 줘. 지금까지 살아남은 자료들로 다양한 관점을 읽을 수 있지. 그래도 우리 지식에는 여전히 빈틈이 있어. 질병의 원인에 대한 인식도 시간에 따라 변화해 왔어. 예를 들어, 18세기 그림에는 치아 속에 벌레가 들어 있는데, 이는 당시 사람들이 벌레가 이를 썩게 만든다고 믿었다는 사실을 보여 줘. 오늘날 우리는 벌레가 원인이 아니라는 것을 알고 있지. 연구자들이 계속 새로운 증거를 찾고 있으니, 또 무엇을 발견할지 누가 알겠어?

고대의 신념

인류는 언제나 질병을 다스리고 부상을 치료할 방법을 찾았지만, 이에 대한 생각과 신념은 시대마다 달랐어. 오늘날, 우리는 아프거나 다치면 당연히 의학적 치료에 기대지만, 과거에는 아픈 사람을 낫게 하는 수많은 다른 전통이 존재했지.

몸이 우주와 연결된다

과거 여러 문화권에서 몸의 상태가 신이나 별 또는 운에 달려 있다고 믿었어. 몸의 특정 부위와 질병이 별, 달, 행성의 위치와 관련되어 있다는 믿음은 전 세계에 퍼져 있었어. 유행성 감기를 가리키는 '인플루엔자(influenza)'도 행성의 '영향(influence)'을 나타내는 이탈리아어에서 온 거야. 중세 유럽에서는 의사들이 각 신체 부위를 점성술 별자리(예를 들어, 발은 물고기자리)와 관련짓고, 별자리가 올바른 위치에 있을 때만 환자를 치료하기도 했어.

믿음의 힘

왕이나 여왕이 **연주창**이라는 병을 치료하는 힘을 신으로부터 받았다고 믿는 때가 있었어. 11세기부터 17세기까지 사람들은 군주의 손길을 받기 위해 줄을 서거나 왕족이 만진 동전을 목에 걸었어. **가짜 약**(플라세보)을 복용한 환자가 실제로 회복되는 일이 없지는 않아. 과학자들도 누군가 또는 무엇인가를 믿는 것이 치료 효과를 발휘하는 현상을 이해하기 위해 노력하고 있지.

호주 선주민 전통 의료에서는 사람이 자연과 땅에 연결되고, 정령이나 조상과 긍정적 관계를 맺을 때 건강해진다고 믿었다.

고대 그리스인들 가운데 일부는 치료의 신 아스클레피오스의 신전에 제물을 바치거나 그곳에서 수술을 시행했다.

서아프리카 다호메이 문화에서는 치료가 효과를 거두려면 먼저 위대한 창조신을 기쁘게 해야 한다고 믿었다.

고대 이집트인들은 사자 머리 여신 세크메트에게 병을 낫게 달라고 빌었다.

아메리카 선주민들은 신성한 산에 오르는 것으로 치료를 시작했다.

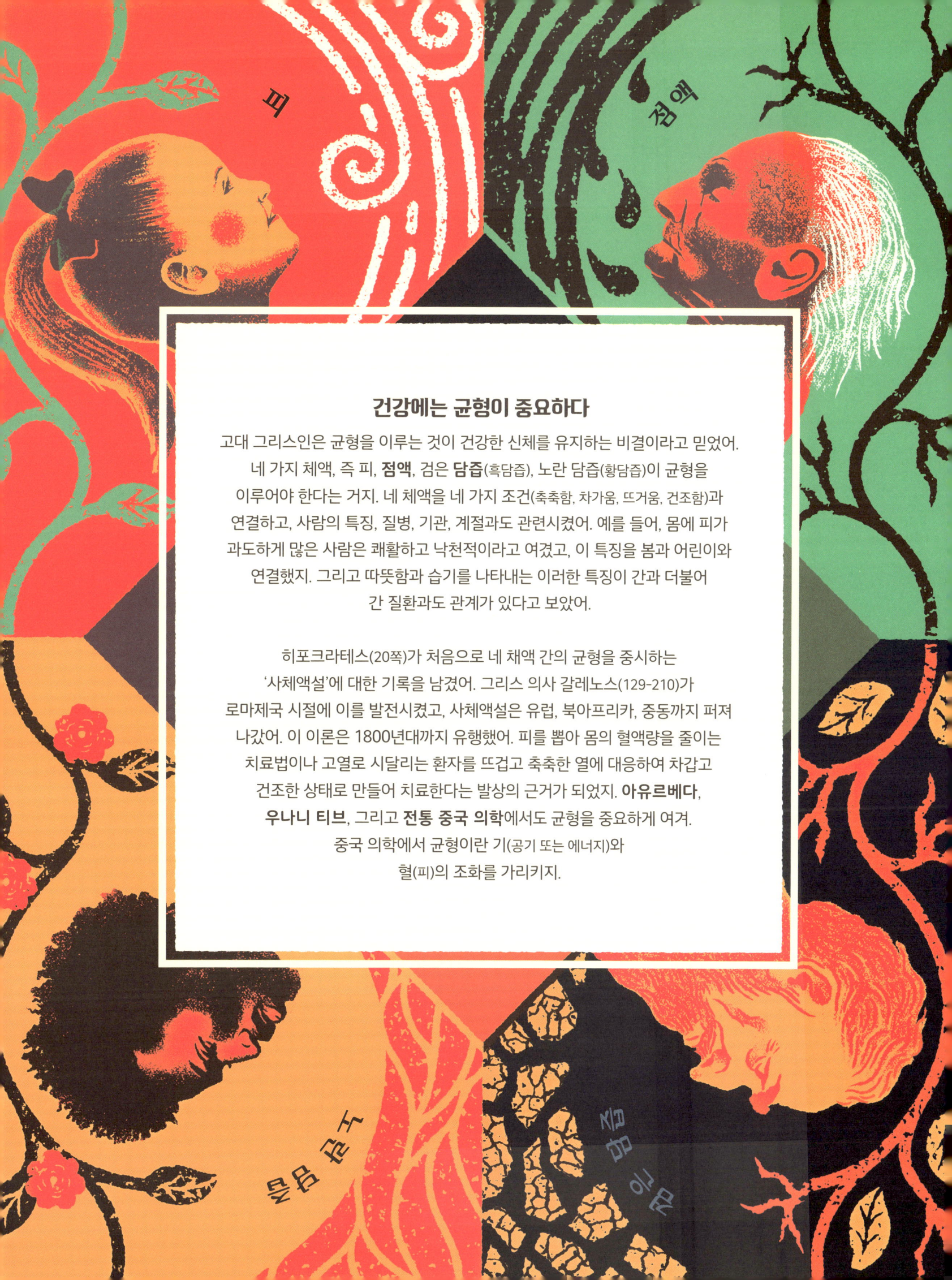

건강에는 균형이 중요하다

고대 그리스인은 균형을 이루는 것이 건강한 신체를 유지하는 비결이라고 믿었어. 네 가지 체액, 즉 피, **점액**, 검은 **담즙**(흑담즙), 노란 담즙(황담즙)이 균형을 이루어야 한다는 거지. 네 체액을 네 가지 조건(축축함, 차가움, 뜨거움, 건조함)과 연결하고, 사람의 특징, 질병, 기관, 계절과도 관련시켰어. 예를 들어, 몸에 피가 과도하게 많은 사람은 쾌활하고 낙천적이라고 여겼고, 이 특징을 봄과 어린이와 연결했지. 그리고 따뜻함과 습기를 나타내는 이러한 특징이 간과 더불어 간 질환과도 관계가 있다고 보았어.

히포크라테스(20쪽)가 처음으로 네 채액 간의 균형을 중시하는 '사체액설'에 대한 기록을 남겼어. 그리스 의사 갈레노스(129-210)가 로마제국 시절에 이를 발전시켰고, 사체액설은 유럽, 북아프리카, 중동까지 퍼져 나갔어. 이 이론은 1800년대까지 유행했어. 피를 뽑아 몸의 혈액량을 줄이는 치료법이나 고열로 시달리는 환자를 뜨겁고 축축한 열에 대응하여 차갑고 건조한 상태로 만들어 치료한다는 발상의 근거가 되었지. **아유르베다**, **우나니 티브**, 그리고 **전통 중국 의학**에서도 균형을 중요하게 여겨. 중국 의학에서 균형이란 기(공기 또는 에너지)와 혈(피)의 조화를 가리키지.

정신 건강

의학의 역사는 보통 신체에 초점을 맞추지만, 인류는 오랫동안 정신 질환으로도 고통받았어. 그렇지만 20세기가 되어서야 과학자들이 정신 활동이 어떻게 이루어지는지 이해하고 효과적인 치료법을 개발하기 시작했지. 그 이전에는 정신 질환 치료를 중요하게 여기지 않았고, 환자들은 주기적으로 잔인한 방법의 치료를 받거나 눈에 띄지 않는 장소에 수용되었어. 정신 건강에 대한 지식은 지금도 진화하고 있어.

정신을 이해하기 위해

과거에는 몇몇 의사가 사체액설(11쪽 참조)로 정신 질환을 설명했어. **조증**은 열과 연결되었고, **우울증**은 과도한 흑담즙이 원인으로 지목되었지. 1600년대부터 르네 데카르트(1596-1650) 같은 철학자들이 정신을 신체로부터 분리해서 다루어야 한다고 주장했어. 정신을 다루는 전문 의사가 따로 필요하다는 뜻이었지. 과학자들 또한 뇌를 해부하고 뇌가 신체와 어떻게 연결되는지 연구하기 시작했어. 19세기에 이르러 두 가지 새로운 의학 분야가 등장했어. 하나는 신경계를 연구하는 **신경학**이었고, 또 하나는 정신 질환, 행동과 감정을 연구하는 **정신 의학**이었지.

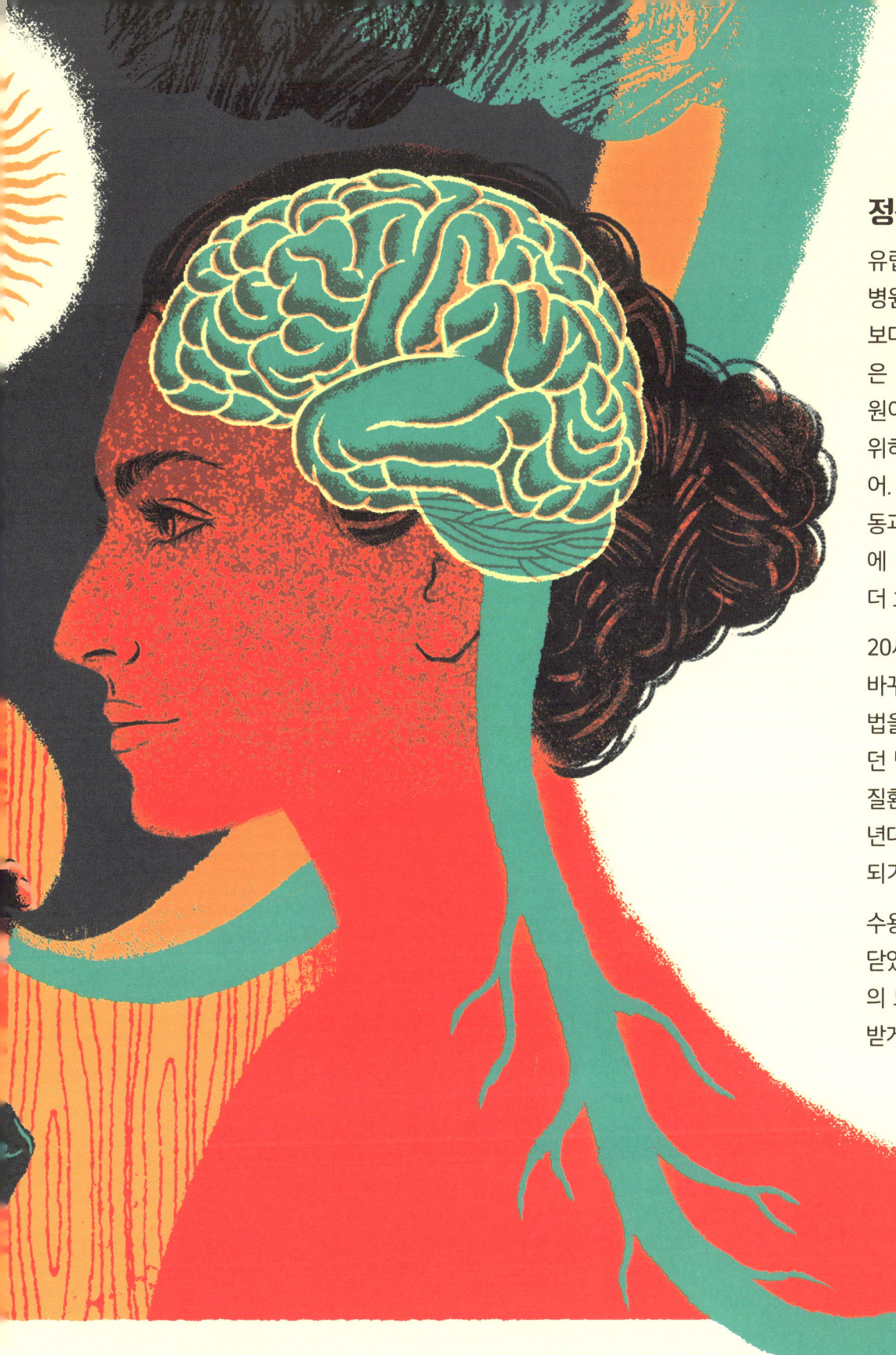

정신병원과 치료

유럽에서는 정신병을 앓는 사람들을 특수 병원에 입원시키기도 했는데, 병원이라기보다는 수용소와 비슷했어. 가장 유명한 곳은 1247년에 런던에 설립된 베들렘왕립병원이야. 이 병원 직원들은 환자를 제지하기 위하여 종종 매우 잔인한 치료법을 사용했어. 이 병원의 별명인 '베들렘(bedlam)'은 소동과 혼란을 뜻하는 단어가 되었지. 19세기에 일부 의사가 식물 가꾸기같이 환자에게 더 호의적인 치료법을 사용하기 시작했어.

20세기에는 과학자들이 환자의 뇌 상태를 바꾸기 위해 전기 충격 같은 극단적인 치료법을 도입했어. 제1차 세계 대전에 참전했던 병사들이 심리적 충격을 겪게 되자 정신 질환 치료가 긴급한 문제로 떠올랐지. 1950년대부터 항우울제 같은 새로운 약이 사용되기 시작했어.

수용소나 다름없는 정신병원은 점차로 문을 닫았고, 영국에서는 1990년대 중반부터 거의 모든 환자가 약을 복용하며 집에서 치료받게 되었어.

지크문트 프로이트

정신 건강을 탐구한 의사들 가운데 아마 지크문트 프로이트(1856-1939)가 가장 유명할 거야. 그는 무의식이 우리의 모든 행동과 행위에 영향을 미치며, 환자의 문제가 마치 고고학에서 파고드는 지층처럼 깊이 묻혀 있는 경우가 많다고 믿었어. 프로이트는 정신을 이드, 슈퍼에고, 에고, 이렇게 세 부분으로 나누었어. 이드는 욕망을 조절하는 인격의 한 부분이야. 슈퍼에고는 어떤 행위가 옳거나 바람직한지 아닌지 판단하지. 에고는 이드와 슈퍼에고 사이에서 균형을 잡으려고 노력하는데, 프로이트는 이를 고집스러운 말을 타려는 것과 비슷하다고 묘사했어. 베르타 파펜하임은 처음으로 자기 생각과 속내를 털어놓는 방식으로 치료를 받은 사람인데, 그는 프로이트의 치료법에 '대화 치료'라는 이름을 붙였어.

약은 어떻게 작용하는가

인류는 오래전부터 버드나무, 양귀비 따위의 식물이나 금속, 소금 같은 물질이 몸에 영향을 미친다는 사실에 주목했어. 최근 과학자들이 질병의 원인과 약의 작용을 더 잘 이해하게 되면서 치료의 성공률이 극적으로 증가했지. 오늘날에는 약을 써서 통증과 소화불량 같은 증상을 완화하고 박테리아나 바이러스가 감염을 일으키지 못하게 막아.

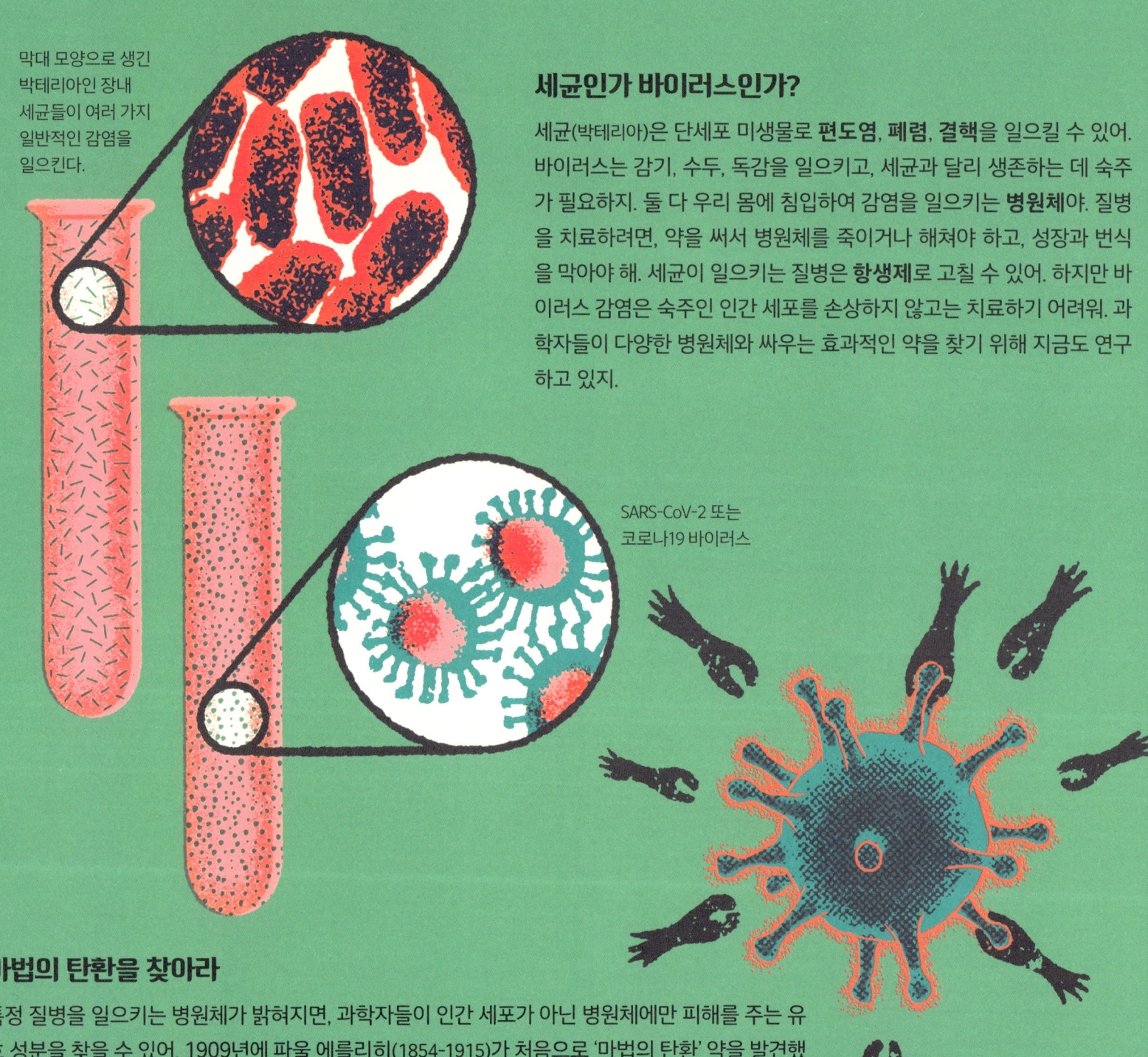

막대 모양으로 생긴 박테리아인 장내 세균들이 여러 가지 일반적인 감염을 일으킨다.

세균인가 바이러스인가?

세균(박테리아)은 단세포 미생물로 **편도염**, **폐렴**, **결핵**을 일으킬 수 있어. 바이러스는 감기, 수두, 독감을 일으키고, 세균과 달리 생존하는 데 숙주가 필요하지. 둘 다 우리 몸에 침입하여 감염을 일으키는 **병원체**야. 질병을 치료하려면, 약을 써서 병원체를 죽이거나 해쳐야 하고, 성장과 번식을 막아야 해. 세균이 일으키는 질병은 **항생제**로 고칠 수 있어. 하지만 바이러스 감염은 숙주인 인간 세포를 손상하지 않고는 치료하기 어려워. 과학자들이 다양한 병원체와 싸우는 효과적인 약을 찾기 위해 지금도 연구하고 있지.

SARS-CoV-2 또는 코로나19 바이러스

마법의 탄환을 찾아라

특정 질병을 일으키는 병원체가 밝혀지면, 과학자들이 인간 세포가 아닌 병원체에만 피해를 주는 유효 성분을 찾을 수 있어. 1909년에 파울 에를리히(1854-1915)가 처음으로 '마법의 탄환' 약을 발견했어. '마법의 탄환'이란 특정 병원체에만 작용하는 약을 가리키는 말이야. 에를리히는 그의 조수 사하치로 하타와 함께 **매독** 치료제를 찾기 위해 605가지 물질로 실험했지만 모두 실패했거든? 마침내 606번째 실험에서 살바르산 또는 '약품 606'이라 불리는 치료제를 찾는 데 성공했어.

세균 이론을 확립하다……

1860년대 이전에는 대부분이 몸 자체에서, 혹은 악취 때문에 질병이 발생한다고 믿었어. 프랑스 과학자 루이 파스퇴르(1822-1895)가 이런 이론을 물리치는 데 앞장섰지. 그는 세균 또는 미생물이 물질과 몸에 침입하여 영향을 준다는 사실을 발견했어. 파스퇴르는 아주 작은 생물이 어떻게 포도주와 우유를 상하게 하는지 연구하다가 다양한 질병을 일으키는 병원체 연구에 뛰어들었어. 바이러스의 힘을 약하게 만들어 동물과 사람에게 영향을 미치지 못하게 하는 방법을 사용해 처음으로 **광견병** 백신을 개발한 사람이 바로 파스퇴르야.

……그리고 증명하다

독일 과학자 로베르트 코흐(1843-1910)는 파스퇴르의 영향을 받았지만, 둘은 경쟁자이기도 했어. 코흐와 그의 학생들이 20년 동안 **탄저병**, **보툴리누스중독**, **콜레라**, **디프테리아**, **이질**, 매독, **파상풍**, 결핵, **장티푸스**를 일으키는 세균을 식별하고 분리해 냈는데, 이는 믿기 어려울 만큼 놀라운 성과였어. 파스퇴르와 코흐의 업적에 자극받은 많은 과학자가 새롭게 성장하는 미생물학 분야에 뛰어들어 질병 확산을 막기 위한 연구를 이어 갔지.

의학과 윤리

의학의 역사에 성공과 기적적인 치료만 남는 건 아냐. 과거의 복잡한 결정 과정과 실수도 역사의 일부지. 획기적인 발전에는 대가가 따랐어. 이는 오늘날 중요하게 여겨지는 가치와 충돌하기도 해.

검증되지 않은 약은 위험하다

새로운 약은 보통 사람들의 삶에 긍정적인 변화를 가져오지만, 때로는 일이 잘못되기도 해. 1950년대에 탈리도마이드라는 수면제가 개발되었어. 이 약은 임산부의 입덧을 완화하는 용도로도 사용되었는데, 그래도 되는 건지 확인하는 시험은 실시되지 않았어. 태아의 발달을 방해한다는 사실은 뒤늦게 밝혀졌지. 도입된 지 10년이 채 안 되어 안타깝게도 10,000명이 넘는 태아가 탈리도마이드의 영향을 받았어. 다수가 목숨을 잃었고, 팔다리가 완전히 발달하지 않은 채로 태어났어. 탈리도마이드는 사용이 금지되었고, 신약을 시험하고, 승인, 판매하는 방식도 바뀌었어.

동물시험과 동물복지

의약품이 인간에게 안전한지 확인하기 위해 종종 동물을 대상으로 시험을 해. 오늘날에는 시험에 이용되는 동물의 복지를 꼼꼼하게 따져. 연구자들은 시험 동물의 수를 줄이고 고통을 최소화하기 위해 엄격한 규칙을 따라야 하지. 컴퓨터 모델 같은 대안 시험도 적극 권장되고 있어. 최근에 이런 대안 시험이 가능해지기 전까지 수백 년 동안 동물시험이 이루어졌어. 인간 신체를 자르는 것이 금지되거나 제한되었던 시절에는 동물 해부가 최선의 대안이었거든. 영국 의사 윌리엄 하비(1578-1657)는 순환계 연구를 위해 개, 뱀장어, 까마귀, 심지어 말벌까지 해부했지. 1800년대에는 새로운 치료법을 연구하는 과학자가 늘면서 동물시험도 더욱 널리 시행되었어. 이에 따라서 관련된 논란도 커졌지. 1875년에는 아일랜드 출신 활동가인 프랜시스 파워 코브가 영국 **생체 해부** 동물 보호 협회를 결성해 동물 실험 반대 운동을 펼쳤어.

헨리에타 랙스와 헬라 세포

1951년, 헨리에타 랙스(1920-1951)가 미국 볼티모어에 있는 존스 홉킨스병원에서 암 치료를 받았어. 당시 가난한 아프리카계 미국인 환자를 치료해 주는 드문 병원 중 하나였지. 헨리에타 랙스를 치료한 조지 게이 박사는 연구를 위해 세포를 배양할 수 있는지 알아보려고 그의 종양에서 표본을 채취했어. 랙스의 허락은 받지 않았어. 그때는 이런 일이 흔했고 불법도 아니었거든. 랙스의 세포는 몸 바깥에서도 잘 증식하고 살아남아 의학 연구에 크게 기여했지. 이 세포는 헬라세포(HeLa cells)라 불려. 그의 이름과 성에서 각각 두 글자씩 따서 만든 이름이지. 다섯 아이의 엄마였던 랙스는 안타깝게도 그 해 10월에 사망했어.

헬라세포는 1955년에 성공적으로 **복제**되어 전 세계 과학자들에게 배포되었어. 복제 세포는 **소아마비** 백신 개발, **독소**, 의약품, **호르몬**과 바이러스의 효과 연구, 인간 유전체 연구 등에 이용되었지. 이 모든 일은 헨리에타 랙스의 허락 없이 이루어졌어. 헬라세포 덕에 이득을 본 회사들은 랙스 가족에게 한 푼도 주지 않았지. 랙스 가족은 2013년이 되어서야 헨리에타의 유전 정보에 대한 접근권을 통제하는 위원회의 구성원이 되었어. 헨리에타가 사망한 지 70년이 지난 2021년, 세계보건기구가 헨리에타 랙스가 남긴 유산이 세상을 변화시켰다고 공식 인정했어.

인간의 몸을 열어라

내부를 들여다보지 않고 인간 신체가 어떻게 작동하는지 밝히기는 매우 어려워. 해부학(영어 'anatomy'는 '절단하다'라는 뜻을 지닌 그리스어에서 유래했어.)은 신체 구조를 이해하는 데 필수적이었어. 수천 년 전부터 지금까지 해부는 계속되고 있지. 물론 지금은 엄격한 규제를 따라야 해.

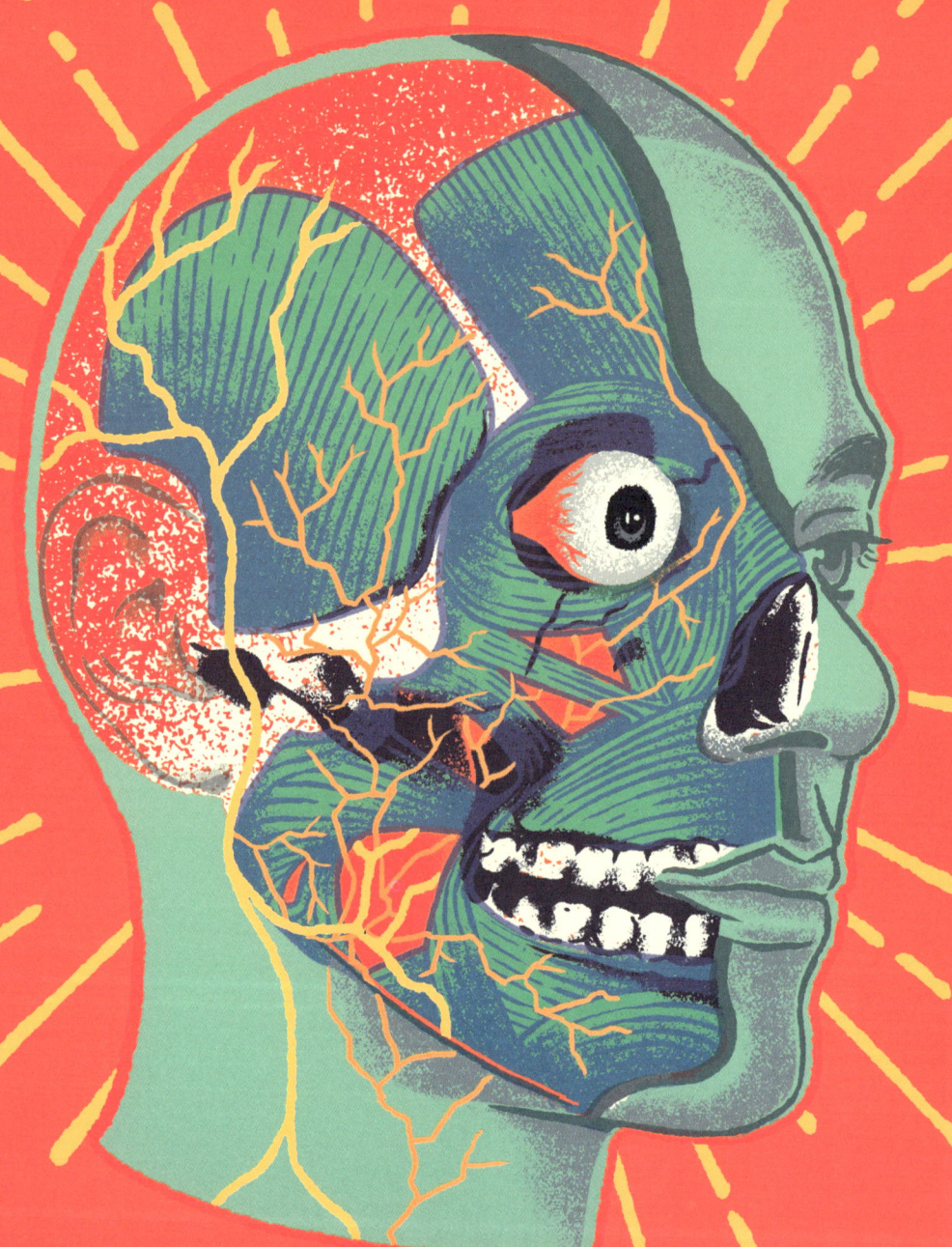

피부 아래

로마제국에서 활동했던 그리스 의사 갈레노스(11쪽 참조)는 **해부학** 지식으로 존경받았어. 다친 검투사들을 치료하면서 인체를 자세히 살펴보기는 했지만, 실제로 해부한 것은 동물뿐이었는데도 말이야. 인체에 대한 그의 관찰이 모두 정확하지는 않았지. 몇 세기 동안 유럽과 이슬람권 의사들은 갈레노스의 저서를 바탕으로 해부학을 공부했어. 이슬람 책으로는 1400년경에 쓰인 『만수르 해부학』이 처음 알려졌는데, 이 책에는 인체 전부를 해부학적으로 표현한 삽화가 실려 있었어. 1500년대에는 해부학에 매료된 사람이 많았어. 이탈리아 파도바대학 교수였던 안드레아스 베살리우스(1514-1564)는 갈레노스의 지식을 최신 지식으로 바꾸는 일에 매달렸어. 그는 1543년에 자신이 발견한 것을 『인체 해부학 대계』라는 책으로 펴냈지. 베살리우스는 일곱 권으로 구성된 이 책에서 갈레노스의 오류 300가지를 바로잡았어.

의학 교육이 발달하면서 책이 아니라 인체를 직접 보면서 해부학을 배우려는 사람들이 많아졌어. 1700년대에는 유럽의 몇몇 대학에서 처형당한 시체를 활용한 공개 해부학 강연이 열리기도 했지. 하지만 이런 시체는 충분하지 않았어. 그래서 무덤에서 훔친 시체로 돈을 버는 부도덕한 일이 유행처럼 번졌어. 가장 악명이 높았던 '시체 도굴꾼'은 에든버러의 윌리엄 버크와 윌리엄 헤어였어. 실제로 무덤을 파헤치진 않았지만, 1827년과 1828년에 적어도 16명을 살해했지. 무언가 확실한 조치가 필요한 상황이었지. 1832년, 영국 정부는 가족이 찾아가지 않는 시체를 의과대학이 이용하는 걸 허용하는 해부학법을 공포했어. 해부학은 지금도 의학 교육에 필수이며 의사 대부분은 훈련 과정에서 인체를 해부해. 지금은 우리나라의 「시체해부법」(약칭) 같은 법률로 시체를 윤리적으로 이용하도록 통제하고 있지.

우리 몸을 재다

환자 몸 내부를 직접 들여다볼 수 없을 때, 의사는 다른 방법으로 무슨 일이 일어나는지 밝혀내야 해. 고대부터 의사들은 맥박을 재고, 체온을 측정하고 소변을 살펴서 환자의 상태를 진단했어. 오늘날 의사들은 훨씬 정교한 측정 방법을 사용하지. 예를 들어, 심장 효소 수치를 측정하여 심장의 상태를 확인해. 최근의 기술과 장비 발달 덕분에 여러 검사가 널리 보급되어 쓰이게 되었어.

오줌 맛 검사

몇 세기 동안, 의사들은 환자의 건강 상태를 파악하기 위해 오줌 상태를 조사했으며, 심지어 오줌의 맛을 보기도 했어. 히포크라테스와 갈레노스 같은 고대 의사들은 몸에서 나오는 액체가 체액의 균형(11쪽 참조)과 관련이 있다고 여겼어. 이븐 시나는 일부 환자의 오줌이 증발하고 남은 물질에서 꿀처럼 단맛이 난다는 기록을 남겼는데, 이는 당뇨병(73쪽 참조)의 한 증상이야. 오늘날에도 소변을 통해 당뇨병과 임신 같은 몇몇 건강 상태를 확인해.

심장과 혈액

오래전부터 여러 문명권에서 맥박을 재서 환자의 심장 건강을 살폈어. 하지만 맥박수를 정확하게 측정하는 일은 생각처럼 쉽지 않아.

이탈리아 의사 상크토리우스(1561-1636)는 맥박수를 측정할 때 진자를 사용했으며, 영국 의사 존 플로이어(1646-1734)는 맥박수를 더 쉽게 재기 위해 시계에 초침을 추가했다.

기계를 이용해 맥박수를 자동으로 정확하게 기록하게 된 것은 중대한 혁신이었다. 19세기에 독일 **생리학자** 카를 피어로르트(1818-1884)가 환자의 맥박을 그래프로 나타내는 맥파계를 발명했다.

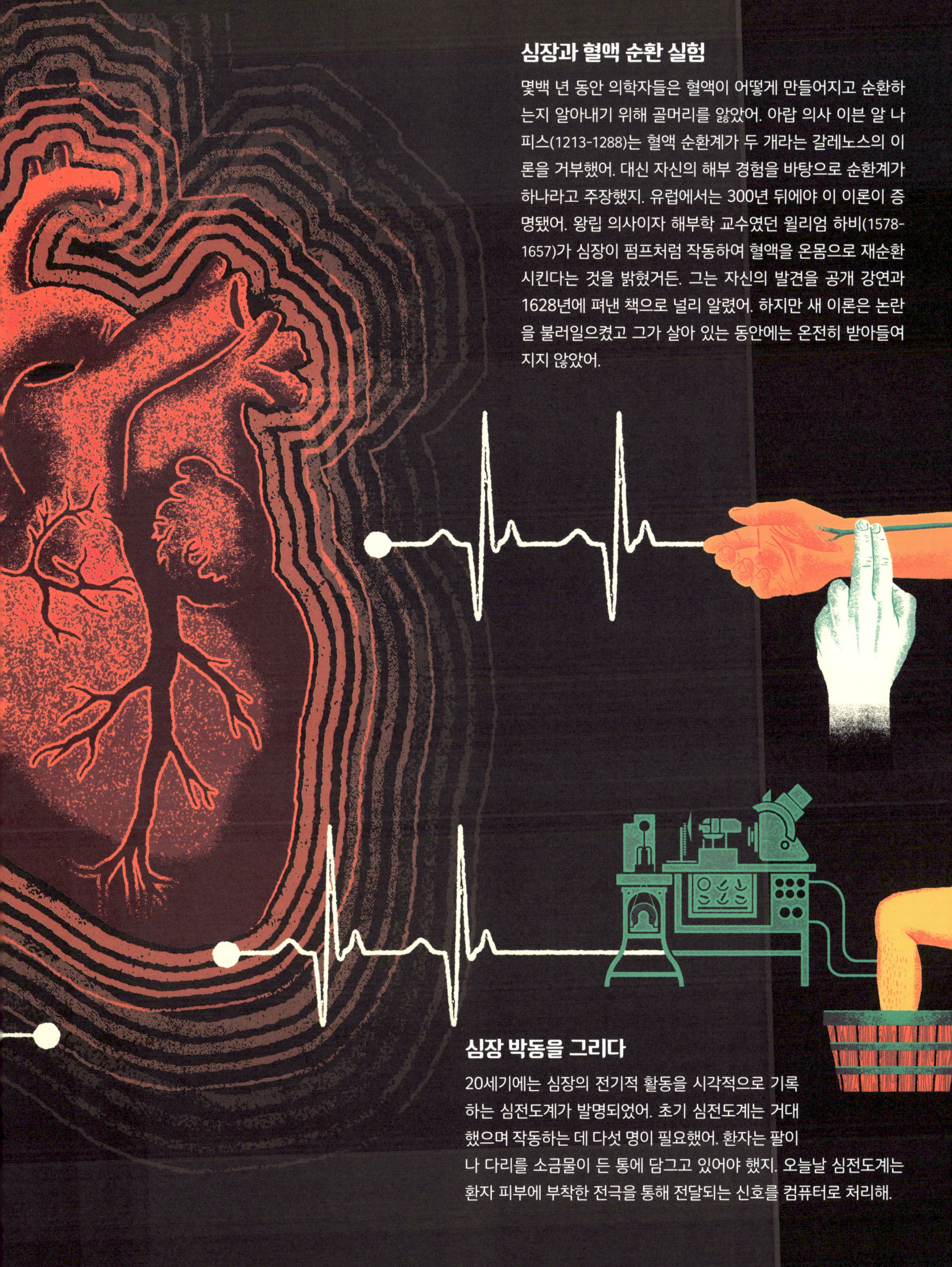

심장과 혈액 순환 실험

몇백 년 동안 의학자들은 혈액이 어떻게 만들어지고 순환하는지 알아내기 위해 골머리를 앓았어. 아랍 의사 이븐 알 나피스(1213-1288)는 혈액 순환계가 두 개라는 갈레노스의 이론을 거부했어. 대신 자신의 해부 경험을 바탕으로 순환계가 하나라고 주장했지. 유럽에서는 300년 뒤에야 이 이론이 증명됐어. 왕립 의사이자 해부학 교수였던 윌리엄 하비(1578-1657)가 심장이 펌프처럼 작동하여 혈액을 온몸으로 재순환시킨다는 것을 밝혔거든. 그는 자신의 발견을 공개 강연과 1628년에 펴낸 책으로 널리 알렸어. 하지만 새 이론은 논란을 불러일으켰고 그가 살아 있는 동안에는 온전히 받아들여지지 않았어.

심장 박동을 그리다

20세기에는 심장의 전기적 활동을 시각적으로 기록하는 심전도계가 발명되었어. 초기 심전도계는 거대했으며 작동하는 데 다섯 명이 필요했어. 환자는 팔이나 다리를 소금물이 든 통에 담그고 있어야 했지. 오늘날 심전도계는 환자 피부에 부착한 전극을 통해 전달되는 신호를 컴퓨터로 처리해.

바깥에서 몸 안을 보다

불과 얼마 전까지, 의사들과 과학자들은 인체 내부를 들여다볼 기회가 거의 없었어. 과학자들이 오늘날 우리가 사용하는 장비들을 개발하기 전까지는 환자가 왜 아픈지, 더 심각한 질병을 앓고 있는지 아닌지, 복합 골절을 어떻게 치료해야 하는지 알아내기가 매우 어려웠지.

청진기

1816년에 프랑스 의사 르네 라에네크(1781-1856)가 청진기를 발명했어. 의사들은 심장 소리와 숨소리, 소화기관에서 나는 소리를 듣는 게 인체 내부에서 무슨 일이 벌어지는지 알아내는 데 도움이 된다는 걸 알고 있었어. 청진기의 발명으로 의사들은 환자 가슴에 귀를 대는 민망한 짓을 하지 않고도 훨씬 명료한 소리를 듣게 되었지.

초기 청진기는 단순한 관 모양이었어. 오늘날 청진기와 비슷한 두 귀로 듣는 형태는 1850년대에 발명되었어. 자궁에서 성장하는 태아의 소리를 들을 때는 지금도 단순한 나팔 모양 청진기를 사용해.

엑스선

1895년, 독일 과학자 빌헬름 뢴트겐(1845-1923)이 자신이 연구하던 광선이 손뼈의 이미지를 생성할 수 있다는 사실을 발견했어. 그는 이 광선에 엑스선이라고 이름을 붙였어. 역사상 처음으로 살을 가르지 않고도 인체 내부를 보게 된 거지. 그가 엑스선으로 처음 찍은 사진들 가운데 하나는 그의 아내 아나 베르타 루트비히의 손이었어. 1901년, 빌헬름 뢴트겐은 이 업적으로 첫 번째 노벨 물리학상을 받았어.

엑스선 발견은 큰 관심을 불러일으켰지만, 당시에는 인체 내부를 보여 주는 방사선의 위험한 효과를 충분히 이해하지 못했어. 오늘날 우리는 방사선과 안전한 노출 수준에 대해 훨씬 잘 알고 있지. 방사선 요법은 암 등의 질병 치료에도 사용돼.

MRI 스캔

MRI 또는 자기공명영상장치는 자기장과 전파를 이용하여 인체 내부를 입체 영상으로 보여 줘. 엑스선으로는 뼈만 볼 수 있지만, MRI 스캔으로는 기관과 혈관까지 볼 수 있어. 1970년대에 레이몬드 다마디안(1936-2022), 폴 로터버(1929-2007), 피터 맨스필드(1933-2017), 이렇게 세 과학자가 이 아이디어를 실현하기 위해 따로 연구를 진행했어. 1974년에 맨스필드가 마침내 성과를 냈어. 학생의 손가락 이미지 하나 얻는 데 20분이 넘게 걸렸지. 1978년에는 다마디안과 맨스필드가 전신 스캔이 가능한 장치를 개발했어. 맨스필드가 자신이 개발한 장치에 처음으로 올라가 50분 동안 스캔을 받았지.

CT 스캔

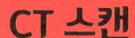

CT 또는 CAT는 '컴퓨터 단층 촬영'의 줄임말이야. 이 장치는 환자 몸을 여러 층으로 나누어 엑스선으로 촬영해. 컴퓨터가 이 이미지들을 고해상도 입체 이미지로 합성하지. 의사는 그걸 보고 뼈 손상, 종양이나 내부 출혈을 진단해. CT 스캔은 영국 엔지니어 고드프리 하운스필드(1919-2004)와 남아프리카 과학자 앨런 코맥(1924-1998)이 1972년에 발명했어. 두 사람은 이 공로로 1979년에 노벨 생리의학상을 받았어.

초음파

1800년대에 초음파로 실험했던 과학자들의 목표는 물속에서 거리를 측정하는 거였어. 1950년대에 연구자들이 이 기술로 인체 내부를 볼 수 있다는 사실을 깨달았지. 우리 귀에는 들리지 않는 초음파를 인체 내부로 쏜 뒤에 반사된 음파를 탐지하여 이미지로 바꾸는 거야. 임산부 몸속에서 자라는 태아를 관찰하기에도 매우 안전한 방법이야.

점점 더 작은 세계로

인체가 어떻게 작동하는지, 질병을 어떻게 치료하고 약이 어떻게 작용하는지 이해하려면 해부학만으로는 부족해. 과학자들은 세포 수준이나 그보다 더 작은 수준에서 무슨 일이 벌어지는지 파악해야 하지. 이건 연구자와 의사가 사용하는 기술이 발달해야만 가능한 일이야.

현미경을 발명하다

누가 최초로 현미경을 발명했는지는 분명하지 않아. 네덜란드 안경 제작자 자하리아스 얀선(1585년 출생)이 1600년경에 렌즈 두 개로 이루어진 복합 현미경을 만들었다는 설이 있어. 이 현미경으로 물체를 실제 크기의 30배로 확대해서 볼 수 있었대. 1660년대에는 안톤 판 레이우엔훅(1632-1723)이 렌즈 하나로 이루어진 단순한 현미경을 만들었어. 돋보기와 비슷한 이 현미경은 물체를 200배까지 확대해서 보여 주었어. 그는 이 현미경으로 동물과 식물 조직, 혈액세포, 광물과 화석을 열정적으로 관찰하여 그 결과를 런던의 왕립학회에 제출했어. 당시 왕립학회 소속 과학자였던 로버트 훅(1635-1703)도 이와 비슷한 발견을 했지.

초기 현미경 너머의 이미지는 흐릿했고 색깔은 부정확했어. 이 문제는 1800년대에 현미경 제조업자들이 거울을 이용해 빛의 양을 늘리고 고품질 렌즈를 도입하면서 해결되었어. 이런 개선으로 파스퇴르(15쪽 참조) 같은 연구자들은 인체와 질병을 더 잘 이해하는 데 필요한 장비를 갖추게 되었지.

20세기에는 전자 현미경이 새로 발명되어 과학자들이 바이러스를 비롯한 미생물을 처음으로 보게 되었어. 컴퓨터 기술의 발전으로 현미경이 제공하는 이미지의 용도도 더 넓어졌지. 지금은 새로운 수술 기법과 현미경 기술을 결합하여 외과의가 환자 몸 내부에서 세밀하고 정밀한 미세 수술을 하고 있어.

로버트 훅이 1665년에 펴낸 책 『마이크로그라피아』에는 놀랍도록 세밀한 벼룩과 개미 등의 삽화가 실렸다. 훅은 이 책에서 코르크의 벌집 모양 구조를 묘사했으며, 그 구조를 이루는 기본 단위를 'cell'이라고 불렀다. 원래 '작은 방'을 의미하는 말인 'cell'을 세포를 가리키는 말로 처음 사용한 것이다.

분자 구조를 밝혀낸 사람

1900년대 초, 과학자들이 인체 내부에서 벌어지는 일과 의약 물질의 구조를 파악하기 위해 새로운 방법을 찾기 시작했어. 도러시 크로풋 호지킨(1910-1994)은 **엑스선 결정학**을 이용하여 인슐린과 페니실린, 그리고 새로 발견된 비타민 B12의 분자 구조를 밝혀냈어. 호지킨은 이 공로로 1964년에 노벨 화학상을 받았는데, 영국 여성 과학자로 노벨상을 받은 이는 아직도 호지킨뿐이야. 과학자들은 이 기술을 이용하여 인체를 구성하고 유지하는 커다란 분자인 단백질의 구조를 연구해.

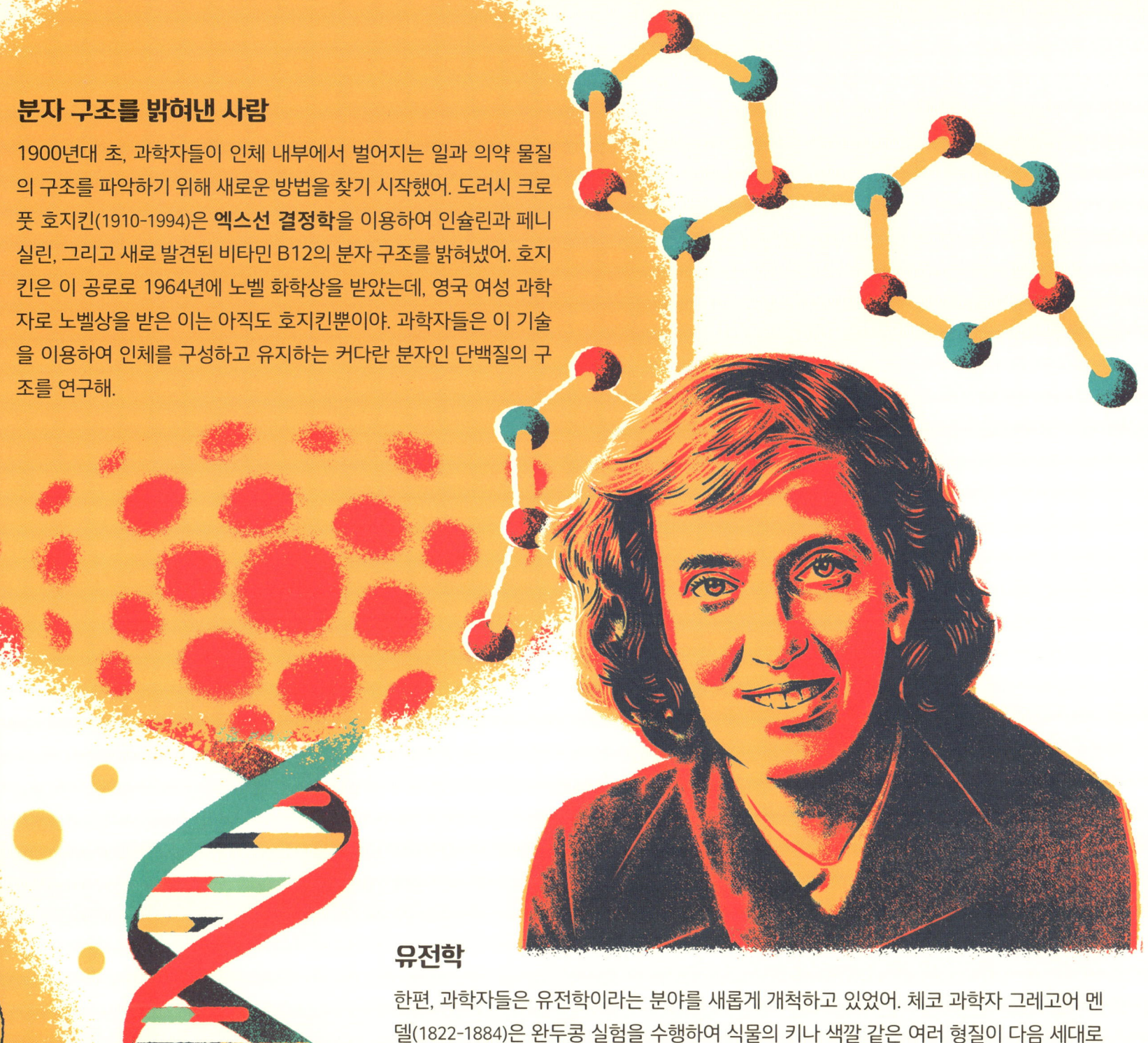

데옥시리보핵산, 즉 DNA는 개개인의 독특한 유전자 코드(염색체 속에 들어 있으며 우리 몸의 모든 단백질을 어떻게 만들지 알려 주는 지시문이다.)를 담고 있는 긴 분자다.

유전학

한편, 과학자들은 유전학이라는 분야를 새롭게 개척하고 있었어. 체코 과학자 그레고어 멘델(1822-1884)은 완두콩 실험을 수행하여 식물의 키나 색깔 같은 여러 형질이 다음 세대로 어떻게 유전되는지 연구했어. 과학자들은 유전 정보가 세포핵 속에 있는 염색체에 담겨 있다는 사실을 발견했어. 1905년, 미국 과학자 네티 스티븐슨(1861-1912)과 에드먼드 윌슨(1856-1939)이 염색체가 한 생물의 성별을 결정한다는 걸 독립적으로 발견했어. 자손은 양쪽 부모로부터 염색체 복사본을 한 벌씩 물려받아. 염색체의 역할을 이해하면 생물의 여러 형질이 다음 세대로 어떻게 전달되는지 알 수 있다는 뜻이지.

1950년대에 여러 과학자가 염색체 연구에 몰두했어. 1953년, 영국 과학자 프랜시스 크릭(1916-2004)과 미국 과학자 제임스 왓슨(1928년 출생)이 데옥시리보핵산(DNA)의 이중 나선 구조를 발견했어. 덕분에 두 사람은 세계적으로 유명해졌지.

2003년, 인간유전체프로젝트가 인간 DNA 전체의 염기 서열을 밝히는 데 성공했어. 과학자들은 이 정보를 활용하여 같은 질병을 앓더라도 사람에 따라서 다른 치료법을 적용하는 연구를 시작했어. 미래에는 개인의 DNA를 분석하여 특정 질병에 걸릴 가능성을 알아내고, 거기에 맞는 개인 맞춤형 의료를 제공하는 일이 가능해질 거야.

식물은 힘이 세다

연구자들에 따르면, 전 세계에서 의약품으로 사용된 식물의 종류는 30,000종이 넘어. 뿌리부터 껍질까지, 그리고 잎부터 꽃까지 안 쓰이는 부분이 없지. 사람들은 식물을 끓이고, 짓이기고, 말리고, 가루를 내서 치료제로 사용해. 과거에도 그랬고 현재도 그러지. 연구소에서 생산하는 현대 의약품 가운데에도 식물에서 힌트를 얻은 게 많아. 예를 들어, 아스피린은 버드나무의 터리풀이 자연 성분을 본떠서 개발한 의약품이야.

머리부터 발끝까지

같은 약용식물이라도 시대와 지역에 따라서 용도는 달랐어. 예를 들어, 여러 지역에서 변비 치료제로 사용한 석결명 잎과 꼬투리를 중국 전통 의학에서는 눈을 밝게 하기 위해 썼어. 아유르베다 전통에서는 **기관지염**과 피부 문제를 다스리는 용도로 썼지. 식물을 질병 치료제로 쓰는 건 언제나 전문 지식이 필요한 일이었어. 한 식물이라도 어느 부분을 사용하느냐에 따라서 효과가 달라지므로 식물과 다른 성분을 정확하게 배합하여 사용해야 해.

수선화

알뿌리와 꽃에 들어 있는 갈란타민이라는 성분은 **알츠하이머병** 치료에 사용된다.

라임꽃

유럽 사람들은 라임꽃이 **뇌전증**을 치료하는 힘이 있기만 아주 세서 꽃이 피는 나무 아래에서 세시간 해도 치료가 된다고 믿었다.

오이

고대 로마의 의학자 갈레누스는 식초, 기름, 으깬 장미잎, 오이즙을 섞어서 귀가 찌개에 쓰라고 권장했다.

마황

중국 의학에서는 기원전 2700년 무렵부터 이 식물을 기침과 열을 다스리는 목적으로 썼다. 이 식물의 유효 성분인 슈도에페드린은 오늘날 코막힘 치료제로 쓰인다.

디기탈리스

이 식물은 1700년대에 처음으로 의학적 용도로 사용되었다. 디기탈리스의 유효 성분인 디곡신은 오늘날에도 심장 질환 치료제로 쓰이는 중요한 물질이다.

석류

석류 주스는 오래전부터 잎과 눈 감염 치료제로 사용되었다.

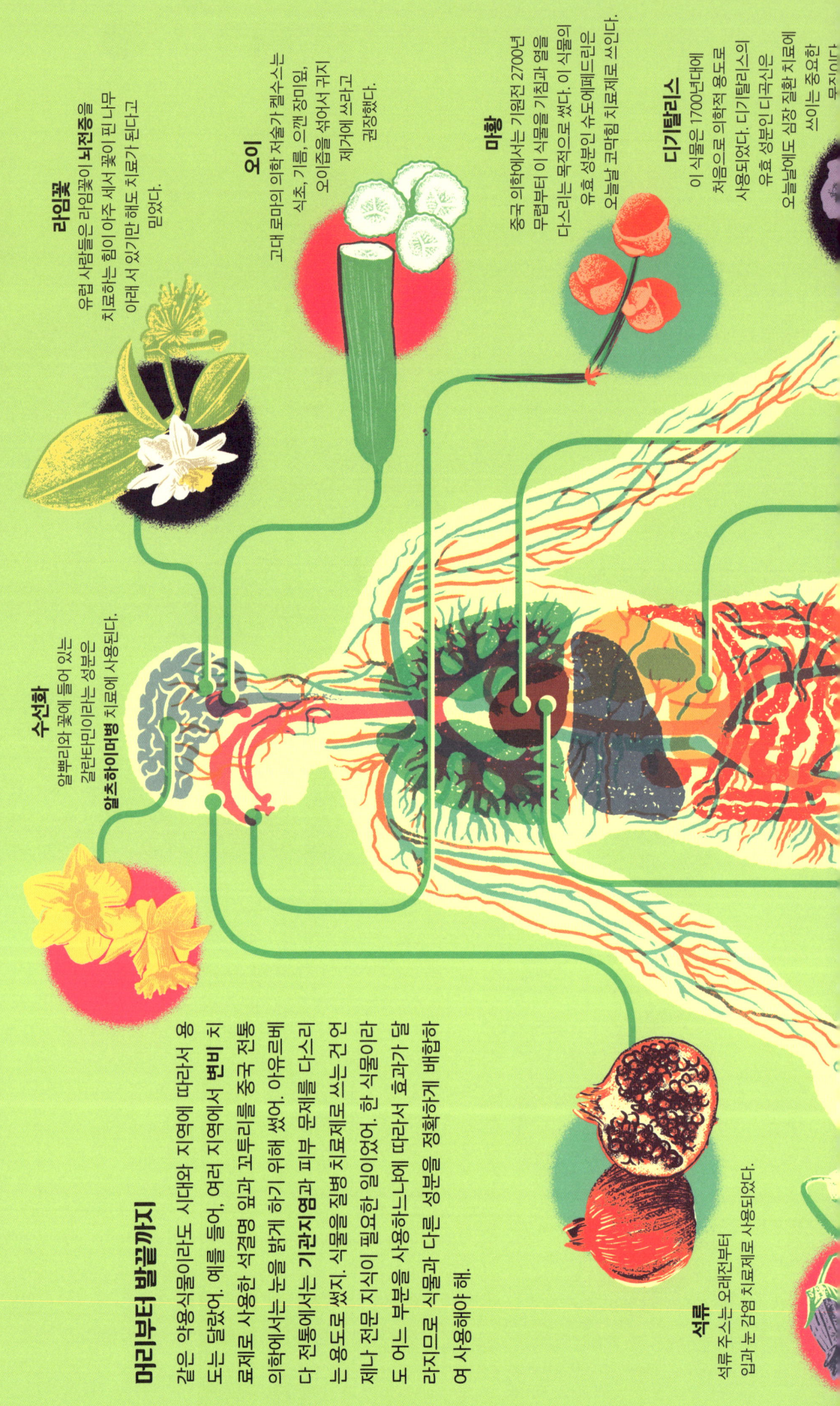

식결명

이 식물의 잎과 꼬투리는 수천 년 전부터 변비를 치료하는 하제로 사용되었으며, 지금도 같은 용도로 쓰인다.

라벤더

오래전부터 여러 의학적 문제를 다스리는 용도로 쓰였다. 1600년대 유럽 의사들은 속이 부글거리거나 방귀를 자주 뀔 때 라벤더를 쓰라고 권장했다.

크로커스

고대 이집트의 에버스 파피루스(기원전 1550년)에 부어오른 관절 치료제로 썼다는 내용이 나올 만큼 크로커스가 통증 치료제로 쓰인 역사는 길다. 오늘날에도 이 식물의 유효 성분인 콜히친은 통풍 치료에 사용한다.

자연에 가까이

자연과 연결되는 것이 중요하다고 믿는 사람들은 언제나 약용식물을 높이 평가했어. 뉴질랜드에 알려진 전통 이학에서는 롱고아 라카우(식물에 대한 지식)와 테 아오 마이 레이아(영적 치료)를 결합한 내용을 다음 세대에 전달했어. 식물에 기반한 의약품을 무시하거나 비판하는 태도를 과학적 혁신으로 여겼던 때도 있어. 하지만 과학자들은 식물의 성분을 분석하여 새로운 의약품을 개발하려는 연구를 멈추지 않았어.

약초 정원과 책

아주 오래전부터 아름다운 식물과 더불어 식물에 대한 상세한 정보와 의학 지식을 담고 있는 원고와 책이 여러 나라와 작가들 사이에서 유통되었어. 『약초 의학지』라 불린 이런 책들은 인쇄술의 발명으로 더 널리 퍼졌어. 중세 유럽에서는 수도사들과 수녀들이 약초 정원을 가꾸어 의학용으로 필요한 성분을 공급했어. 아마도 의사나 약종상이 되려고 훈련받는 이들도 식물로 의약품을 만드는 방법을 배우려고 약초 정원을 방문했을 거야.

벨라도나

이 식물은 인도 아유르베다 전통에서 천식과 가슴 통증을 다스리기 위해 사용되었다. 오늘날에도 이 식물의 유효 성분으로부터 추출한 아트로핀을 발작 치료제로 쓴다.

마다가스카르 페리윙클

마다가스카르의 전통 치료자들은 이 식물을 당뇨병 치료제로 썼다. 1950년대에 과학자들이 이 식물의 유효 성분인 빈블라스틴과 빈크리스틴이 암 치료에 효과가 있다는 사실을 발견했다.

양귀비

아주 오래전부터 이 식물의 씨주머니에서 채취한 끈적끈적한 즙을 통증, 기침, 설사를 다스리는 데 썼다. 오늘날에도 통증을 완화하는 의약품에 사용되는 중요한 식물이다.

말라리아 치료제가 나오기까지

말라리아는 과거부터 지금까지 엄청나게 많은 사람의 목숨을 빼앗았어. 이 질병은 인간이나 동물 숙주의 혈액과 기관에 사는 기생충 때문에 생겨. 피를 빠는 모기가 이 질병을 퍼뜨리지. 환자는 발열, 오한, 발한, 통증 및 메스꺼움과 구토를 겪어. 말라리아가 열대성 질병이라고들 생각하지만, 로마제국 시절의 이탈리아를 비롯해 유럽에서도 유행했어. 오늘날에는 해마다 전 세계에서 2억 명이 넘는 환자가 발생하며, 그 가운데 많은 이들이 목숨을 잃어. 안타깝게도 면역력이 약한 어린이들이 이 병으로 사망할 위험이 더 크지.

1820년
퀴닌을 발견하다

프랑스 화학자 조제프 카방투(1795-1877)와 피에르 조제프 펠레티에(1788-1842)가 신코닌과 퀴닌이라는 유효 성분을 발견하기 전까지 기나나무 껍질이 어떻게 효과를 발휘하는지 알 수 없었다. 주로 알약이나 차 형태로 처방되었던 퀴닌은 20세기 중반까지 주요한 말라리아 치료제로 쓰였다.

1600년대 초기
전설의 나무껍질

유럽 여행자들이 남아메리카 안데스산맥 운무림에서 자라는 기나나무의 껍질이 말라리아 치료에 효과가 있다는 사실을 발견했다. 전설에 따르면, 페루 식민지 총독의 부인인 친촌 백작부인이 말라리아에 걸렸는데, 토착민인 가정부가 기나나무 껍질로 만든 약을 먹고 기적처럼 나았다. 기나나무 학명에 쓰인 신코나(cinchona)는 이 부인의 이름을 딴 것이다.

1950년대
약을 설계하다

선구적인 미국 약리학자 조지 히칭스(1905-1998)와 거트루드 엘리언(1918-1999)이 말라리아 치료를 위해 피리메타민을 개발했다. 이 일은 획기적인 발전이었다. 그들이 설계한 혁신적인 약에는 새로 만든 분자가 들어 있었다. 이 분자는 세포 내에서 박테리아와 바이러스 DNA(25쪽 참조)의 성장과 번식을 방해하여 결과적으로 전염병이 퍼지지 못하게 막는다.

1972년
놀라운 아르테미시닌

중국 과학자 투유유(1930년 출생)는 중국 전통 의학에서 해열제로 사용되는 개똥쑥에서 실마리를 찾았다. 그와 동료들이 개똥쑥에서 아르테미시닌이라는 천연 성분을 추출하는 데 성공했다. 이 물질은 말라리아 병원충을 발달 초기 단계에서 죽여, 아르테미시닌을 함유한 약이 말라리아 환자의 사망률을 극적으로 낮추었다. 투유유는 이 발견으로 2015년에 노벨 생리의학상을 받았다.

1960년대 후반
말라리아 병원충의 반격

말라리아를 일으키는 기생충이 기존 치료제에 내성을 갖게 되자 미국과 중국 과학자들은 새로운 치료제를 찾아야 한다는 압박감에 시달렸다. 베트남전쟁에서 싸우는 군인들의 건강을 지켜야 했기 때문이다.

1880년
기생충을 발견하다
샤를 루이 알퐁스 라브랑(1845-1922)이 처음으로 말라리아를 일으키는 기생충을 발견했다. 그는 이 공로로 1907년에 노벨 생리의학상을 받았다.

1889년
모기 = 말라리아
모기는 4억 년 전에 생성된 호박 속에서도 발견될 만큼 오래된 생물이다. 모기가 말라리아를 옮기는 매개체라는 걸 밝힌 과학자는 로널드 로스(1857-1932)와 조반니 바티스타 그라시(1854-1925)다. 이 발견으로 인류는 말라리아를 예방할 방법을 찾았다. 로스는 이 공로로 1902년에 노벨상을 받았다.

1934년
잘못된 출발
독일 과학자 한스 안데르자크(1902-1955)가 퀴닌에서 실마리를 찾아 효과가 좋은 말라리아 치료제를 개발했으나 사람에게 쓰기에는 독성이 너무 강해 사용하지 못했다.

1943년
클로로퀸을 사용하다
미국 화학자가 안데르자크의 치료제를 개량하여 클로로퀸을 개발했다. 이 약은 열대지방의 전쟁터에 있던 군인들에게 주로 공급되었다.

1990년대
모기 잡는 그물
1990년대부터 국제 보건 기구들이 살충제로 처리한 모기장을 대량으로 보급했다. 이 모기장은 사람들이 자는 동안 모기에 물리지 않게 보호한다.

2021년
백신 혁명
시험을 성공적으로 마친 뒤, 세계보건기구(WHO)가 아프리카 여러 국가에 사는 어린이들에게 말라리아 예방 백신을 접종할 예정이라고 발표했다. 말라리아 예방 백신은 전 세계에서 이 병의 피해를 줄이는 데 핵심 역할을 할 것이다.

약을 제조하다

약을 만드는 방법은 시간이 지나면서 극적으로 변했어. 오늘날 사람들은 오래된 구급상자 속에서 종이로 만든 캡슐이나 핥아서 복용하는 약을 발견해도 그게 무엇인지 짐작도 못 할 거야. 이런 종류의 약은 이제 역사의 유물이 되었어. 약종상이나 약사가 집안에서 대대로 내려오는 비법을 이용해 수작업으로 약을 만들던 시대까지 거슬러 올라가야 하거든.

실험 장비로 가득 찬 작업장

사람들이 좀 더 과학적인 방법으로 약용 성분을 찾는 실험을 하면서 장비도 발달했어. 특히, 식물이 아니라 광물과 금속으로 실험을 하려면 특별한 장비가 필요했지. 약을 만들거나 귀금속을 조사하는 작업장은 흥미로운 장치로 가득 차게 되었어.

18세기와 19세기에는 도시가 커지고 임금 노동자가 늘어나면서 기성품 약을 찾는 사람들이 많아졌어. 약종상과 약사들은 가게(32쪽 참조) 뒤편 공간에서 알약, 팅크, 시럽을 수작업으로 제조했어.

알약의 탄생

오늘날 전 세계에서 복용하는 약 10개 가운데 9개는 알약이야. 초기 알약은 윌리엄 브로크든(1787-1854)이 발명한 작은 장치로 하나씩 만들었어. 약 가루를 틀에 부은 다음 나무망치로 쳐서 압축하는 장치였지. 다음 단계는 대량 생산이었어. 1800년대 들어 약에 대한 수요가 급증하면서 대량 생산의 토대가 마련되었지. 헨리 솔로몬 웰컴(1853-1936)과 사일러스 메인빌 버로스(1846-1895)가 일찌감치 거대한 글로벌 제약회사를 설립했어.

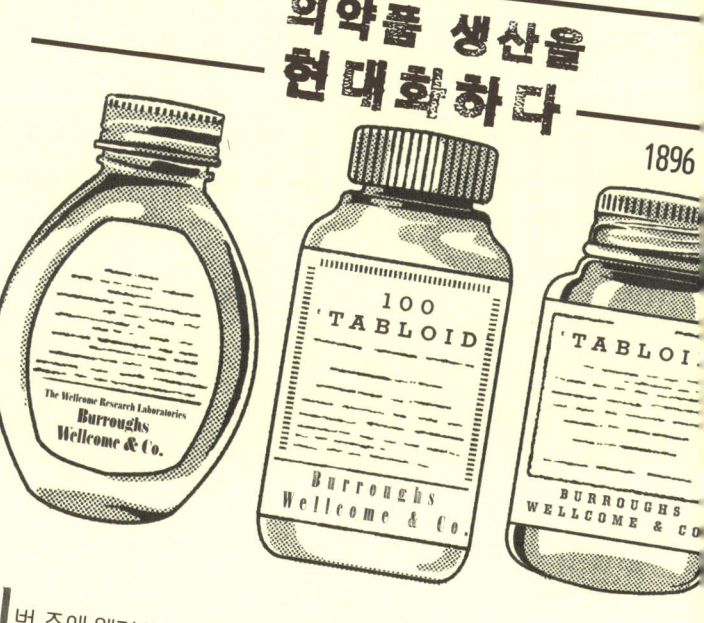

의약품 생산을 현대화하다

1896

이번 주에 웰컴화학연구소가 새로 문을 열었다. 이로써 진취적인 미국 제약 기업가 헨리 솔로몬 웰컴은 의약품 제조 분야에서 또 한 걸음 앞서 나가게 되었다.

웰컴이 지금은 고인이 된 사일러스 메인빌 버로스와 함께 1880년 9월에 버스로웰컴제약을 설립한 이래로 사업은 나날이 번창해 왔다. 1883년에 문을 연 윈즈워스의 작은 공장으로부터 화려한 기념행사와 불꽃놀이로 장식한 복합 산업단지 개장에 이르기까지, 성공을 뒷받침한 것은 최신 과학과 제조 기술 발전을 활용하려는 그의 열의였다.

두 사람은 자신들의 혁신적인 "압축 제조" 기술을 정제(Tabloids)라는 이름으로 등록했다.

지난 10년 사이에 두 배로 늘어난 헌신적인 현지 인력, 뛰어난 역량을 지닌 과학 연구원, 벨라도나와 디기탈리스와 사리풀 같은 약초를 생산하는 현지 농장을 갖춘 이 회사의 세계 시장 접근 능력은 앞으로도 성장할 수밖에 없다.

오늘날 의약품을 생산하기까지

오늘날, 실험실에서 개발한 의약품이 환자의 손에 닿기까지 약 12년의 시간과 11억 5,000만 파운드의 비용이 들어. 보통은 대학에 몸담은 과학자들이 정부나 기업의 지원을 받아 질병의 작용 방식과 치료법을 연구하면서 의약품 개발이 시작되지. 동물이나 식물, 또는 곰팡이를 기반으로 신약을 개발하기도 하지만, 유전학과 단백질에 대한 지식을 활용해 새로운 분자를 합성하는 경우가 많아. 수천 가지에 이르는 후보 물질을 검토한 뒤에 그중에서 몇 가지만 더 자세히 분석해.

새로 개발한 의약품은 소규모부터 국제적인 대규모 테스트까지 인체 시험을 거쳐. 여러 단계의 시험을 통과한 신약은 정부 기관으로부터 승인을 받은 뒤에 판매되지. 실험실에서 개발된 25,000종류의 물질 가운데, 25종류만 인체 시험 단계에 들어가. 환자에게 실제로 사용되는 건 5종류뿐이고, 1종류만 개발 비용만큼의 수익을 남겨.

약 사세요

사람들은 어떤 약을 살지 어떻게 결정할까? 주변 사람들에게 추천해 달라고 할 수도 있고, 광고에 설득당해 구매할 수도 있어. 과거에는 시장 광장에서 소리를 치거나 한 장짜리 전단을 뿌리는 방식으로 의약품을 광고했어. 지금은 버스 옆면이나 텔레비전, 컴퓨터 화면에 의약품 광고가 등장하지. 과거에는 만병통치를 약속하는 광고가 흔했지만, 지금은 아냐. 광고할 때 엄격한 규칙을 따라 최대한 정확하게 약의 효과를 표현해야 하거든.

약이 왔어요, 약 사세요!

1600년대에는 유럽 곳곳에서 정식 자격이 없는 돌팔이 의사들이 이 마을 저 마을 돌아다니며 사람들에게 약을 팔았어. 아무 효과도 없으면 차라리 다행이었지. 수은, 아편, 안티몬, 알코올처럼 심각한 부작용을 낳거나 목숨을 빼앗는 성분이 약에 들어 있기도 했거든. 약 복용은 위험한 모험이나 다를 바 없었지.

우리 약은 특별해요!

1700년대가 되자 의약품 판매상들은 자신들의 상품이 눈에 띄도록 특별한 모양으로 디자인한 약병을 개발했어. 1800년대에는 의약품 판매량을 늘리기 위해 포장을 세심하게 디자인했지. 알약과 연고를 팔아 큰 부자가 된 토머스 홀러웨이(1800-1883)는 '문명화된 세계의 믿을 만한 약장수는 대부분' 자기 연고를 판다고 주장했어. 의약품 판매상들은 소비자가 작성한, 이른바 '추천의 글'을 이용해 다른 소비자가 자기 상품을 사도록 부추겼어. 사실 '추천의 글'은 대개 판매상이 지어 낸 것이었지.

제조법은 비밀

1800년대 후반까지는 대개 약사가 약국에서 자신의 제조법이나 의사의 처방에 따라서 의약품을 제조했어. 이를 통해 약사들은 큰 이득을 남겼고, 몇몇은 유명해졌지. 20세기 들어 새로운 법이 제정되기 전까지 약에 들어가는 성분은 대부분 소비자에게는 비밀에 부쳐졌어. 보통 사람들은 전문가인 의사나 약사의 지식을 믿을 수밖에 없었지.

약품의 치료 효과를 과장하는 광고도 많았다. 실제로는 아무 효과가 없는데도 말이다. 미국과 영국에서는 1930년대와 1940년대에 거짓 광고를 규제하는 법률이 생겼다.

인터넷 판매, 사기를 조심하세요

사람들을 보호하는 법률이 존재하는 오늘날에도 사기 의약품이 전 세계에서 판매되고 있어. 가짜 상표를 단 치료제가 가끔 큰 문제를 일으키기도 하지. 인터넷은 약을 판매하는 통로인 동시에 의심스러운 치료제를 사도록 유혹하는 편리한 수단이기도 해.

약? 독?

모든 약에는 독성이 있어. 복용하는 양에 따라서 약의 독성이 몸에 해를 끼치기도 하고 이로움을 주기도 하지. 과거에는 일부 의사가 수은과 안티몬 같은 금속을 매독, 장티푸스, 발열 등의 치료에 사용했어. 많은 환자가 질병뿐만 아니라 이런 치료법으로 인한 고통도 감수해야 했지. 사람들은 질병 치료에 독을 사용하는 방법을 찾는 한편, 누군가를 살해하는 데에도 독을 쓰곤 했어.

전설적인 해독제

전설에 따르면, 기원전 120년부터 63년까지 소아시아(지금의 튀르키예)의 한 왕국인 폰토스를 다스렸던 미트리다테스 6세는 적들이 자신을 독살할 거라는 두려움에 늘 시달렸어. 그래서 **해독제**를 발명해 날마다 복용했지. 해독제의 핵심 성분은 독사의 살이었어. 당시에는 뱀이 자신의 독에 중독되는 걸 막는 성분을 몸에 지니고 있다는 믿음이 널리 퍼져 있었거든. 로마인들은 폰토스를 점령하고는 미트리타디움이라는 이름으로 널리 알려진 그 해독제를 압수했어. 네로 황제(37-68)는 자신의 주치의 안드로마코스에게 해독제를 개량하도록 명령했지. 테리아카 안드로마키 또는 안드로마코스의 해독제라고 불린 새 해독제는 미트리타디움과 더불어 거의 2,000년 동안 해독제 시장을 지배했어.

화학요법과 부작용

의약품을 사용할 때 안전성이 가장 중요하지만, 의사들은 여전히 암 같은 질병을 치료할 때 독을 사용해. 화학요법에 사용하는 의약품은 암세포에 심각한 손상을 입히지만 동시에 탈모, 구역질 같은 부작용을 낳지. 과학자들의 목표는 부작용을 줄이고 암세포만 공격하는 치료법을 찾는 거야.

라파르주 스캔들

1840년, 프랑스. 마리 라파르주(1816-1852)가 남편인 샤를 푸슈 라파르주를 살해한 혐의로 수감되었어. 이 사건은 마리가 비소를 사용해 남편을 독살했음을 밝히기 위해 과학적 테스트를 처음 적용한 사례로 신문에 대서특필되었지. 여기서 과학적 테스트란 스코틀랜드 화학자 제임스 마시가 1836년에 개발한 마시시험법이야.

의심스러운 라파르주 부인

여기는 파리

- 샤를 씨, 내 조카를 소개할게요. 마리예요.
- 오, 꽤 예쁘군. 결혼하면 지참금을 가져올 테니 그걸로 빚을 갚으면 되겠어.
- 이 사람 정말 싫어. 하지만 저택을 가지고 있다니 사냥감으로는 괜찮겠어.
- 이제 결혼했으니 내 것이 모두 당신 거요. 엄청난 빚도 마찬가지지! 아, 너무 걱정하진 마시오. 파리에서 사업이 잘되면 이 집을 뜯어고칠 수 있을 거요.
- 이 집은 정말 끔찍해요. 돈 좀 주세요. 비소를 사다가 역겨운 쥐들을 싹 잡아 버릴 거예요!
- (당신을 사랑하는 아내, 마리가 보냅니다.)
- 케이크를 보내다니, 내가 사업 때문에 파리에 머물러도 화가 나지는 않는 모양이군.
- 세상에, 파리에서 뭘 했기에 이렇게 아픈 거예요. 에그노그 좀 마시고 얼른 기운을 차려요.
- 얼마 뒤 찰스가 숨을 거두었다.

여기는 법정

- 쥐를 잡으려고 비소를 샀다는 거죠? 마시 씨가 개발한 과학적 테스트로 당신 남편의 사인을 찾아낼 겁니다! 당신이 남편에게 준 모든 걸 검사하겠소!

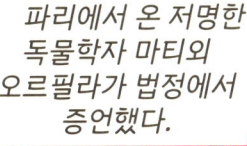

- 파리에서 온 저명한 독물학자 마티외 오르필라가 법정에서 증언했다.
- 세상에!
- 마시시험법으로 테스트한 결과, 라파르주 씨의 몸에서 비소가 검출되었습니다.

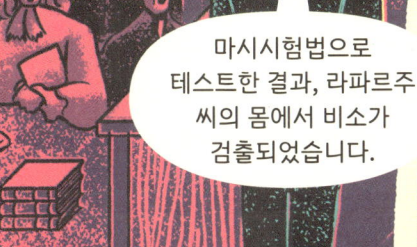

남편 살해 혐의로 마리 라파르주에게 종신형 선고!

새로운 과학적 테스트로 시체에서 비소 검출!

에그노그에는 10명을 죽이기에 충분한 독극물이 들어 있었다!

중독 방지를 위한 정책

19세기 들어 약종상과 약국에서 여러 종류의 독극물을 구하는 것이 가능해졌어. 사람들이 위험에 노출되었고, 정부가 관심을 기울이게 되었어. 독극물을 사용한 살인이 빈번해지자 새로운 법과 규제가 도입되었지. 빅토리아 시대 영국에서는 시험을 통과한 정식 약사들만 스트리크닌과 아편 같은 독성 의약품을 취급할 수 있었어. 구매자는 공식 기록되었으며, 독성 의약품은 혼동을 방지하기 위해 골이 팬 모양의 특별한 병에 담아 약장에 넣은 뒤 자물쇠로 잠가서 보관했어.

병원의 역사

치료비가 비싼 나라가 많기는 하지만, 오늘날 사람들은 아프면 병원을 찾아. 과거에는 병원이 단순한 의료 서비스만 제공하지 않았어. 오늘날 병원은 계획된 절차에 따라서 응급 환자를 치료하고 장기적으로 환자를 돌보는 전문 기관이지. 병원이 이런 모습을 갖추기까지 오랜 세월이 걸렸어.

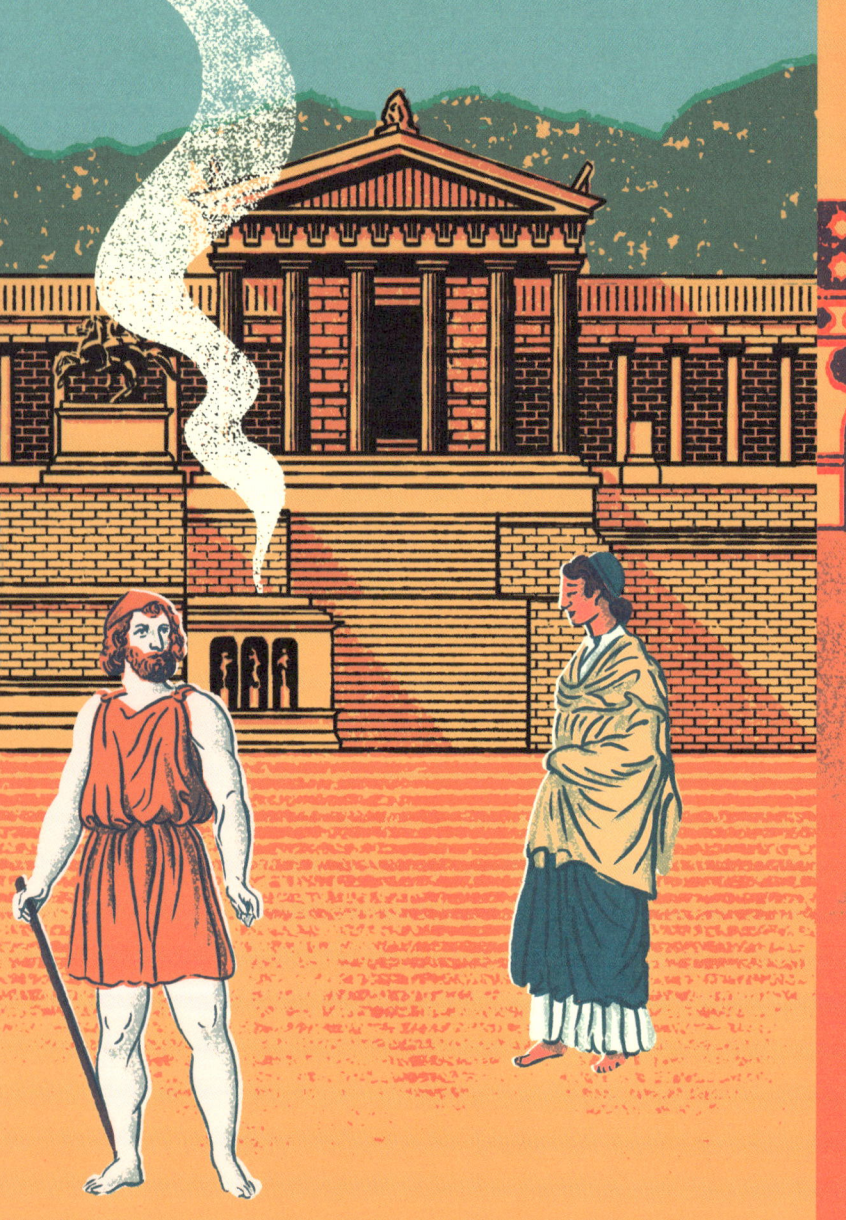

고대의 치료소

그리스 전역에서 아스클레피온이라는 고대 치유 신전의 유적이 발견되었어. 그 가운데 일부는 기원전 350년경에 세운 거야. 그리스인들은 이곳을 찾아 신(특히 치유의 신 아스클레피오스)의 뜻을 묻고 치료도 받았어.

고고학자들이 고대 로마 병원 건물을 발굴했어. 이 건물을 발레투디나리아라고 부르는데, 주로 군사 요새에서 발견되지. 부유한 사람들은 병원이 아니라 주로 집에서 치료를 받았던 것 같아.

이슬람 병원

이슬람이 지배하는 전 지역에서 병원이 설립되었는데, 가장 초기 병원은 이라크의 바그다드(805년), 이집트의 카이로(872년)에 세워졌어. 이슬람 병원은 아픈 환자를 치료하는 동시에 질병과 부상에서 회복 중인 사람들과 정신적 문제를 안고 있는 이들도 돌보았어. 부양할 가족 없이 홀로 남은 사람들의 양로원이기도 했지.

당시 바그다드에서 가장 큰 병원은 부예왕조의 왕 아두드 알다울라가 982년에 세웠어. 1184년에 이 병원을 본 여행자가 거대한 궁전 같다고 묘사했을 만큼 큰 병원이었지. 12세기에 바그다드에는 병원이 60개나 있었어. 런던에는 병원이 단 한 곳뿐이었어.

이슬람 병원의 명성은 유럽까지 퍼졌어. 기독교인과 이슬람교도 사이에 벌어진 십자군 전쟁(1095-1291)이 끝난 뒤에는 영향력이 더 커졌어.

기독교 병원

1100년대 초 유럽에서는 기독교인들이 환자는 물론, 빈민과 노숙자들을 돕기 위해 병원을 설립했어. '병원(hospital)'은 교단이 제공하는 '환대(hospitality)'에서 유래한 단어야. 사람들은 영적 의무를 다한다는 의미로 병원에 돈을 기부했지.

1530년대에 헨리 8세(1491-1547)가 잉글랜드와 웨일스의 수도원을 해산하면서 기독교 병원도 문을 닫았어. 그 대신에 지역 교구와 기관이 빈민과 환자를 돌보았어. 점차 독지가들이 세우고 지역 부자들이 후원하는 병원들이 생겨났지. 이런 병원들은 환자를 장기적으로 치료하거나 전염병을 막을 자원이 없었어. 그래서 주로 도시에 전문 병원들이 세워졌지. 그러나, 환자 대부분은 여전히 집에서 치료받았어. 병원에 가는 일은 드물었지.

현대적 병원의 등장

1800년대에는 세계 곳곳에 많은 병원이 생겼어. 새로 생긴 병원들은 청결과 전염병 환자 격리의 중요성에 대한 새로운 지식을 반영하여 설계되었어. 의학 교육이 실습 위주로 이루어지면서 병원에서 일하는 의사의 수가 크게 늘었어. 플로렌스 나이팅게일(64쪽 참조)의 노력으로 발전한 간호학 또한 직원 선발 기준과 병원 설계에 영향을 미쳤어. 환기가 더 잘되고, 더 많은 창문과 더 큰 병동을 갖춘 병원들이 속속 등장했지.

20세기에 병원의 역할이 극적으로 커졌어. 수술은 획기적으로 발전했고(38-39쪽 참조), 새로운 검사 장치와 관찰 장비가 도입되었어(22-23쪽 참조). 출산을 대하는 태도도 바뀌었지(58-59쪽 참조). 그러나 이런 발전은 병원이 핵심 의료 기관으로 떠오른 원인의 일부일 뿐이야.

과거의 수술

불과 얼마 전까지, 사고를 당하거나 전투 중에 입은 부상으로 목숨이 간당간당한 응급 환자만 수술을 받았어. 환자는 수술 중에 말짱한 정신으로 고통에 몸부림쳐야 했어. 용케 수술을 견디고 살아남은 환자가 상처 감염으로 죽는 일도 흔했지. 한편, 고고학자들이 발굴한 수천 년 전 유골에는 팔다리를 절단하거나 뼈와 두개골을 크게 다치고도 멀쩡히 회복한 흔적이 남아 있어.

고대 로마의 상처 전문가

역사가들이 밝힌 바에 따르면, 고대 로마에서는 다친 레슬링 선수, 검투사와 병사가 수술을 받았어. 기원전 219년에 그리스에서 이탈리아로 이주한 아르카가투스는 자신을 외과의 또는 상처 전문가라고 불렀어. 그는 탈골을 자주 겪는 레슬링 선수에게 겨드랑이 속에 뜨거운 금속 봉을 넣으라고 권고하기도 했어. 로마 외과의는 말에 머리를 차인 환자를 치료할 때 뼈에 구멍을 뚫거나 줄로 두개골을 깎기도 했어. 그렇게 부상 부위를 넓히고 깨진 뼈를 제거한 뒤에 빈 구멍에 곡물가루와 끓는 식초를 채워 넣었지.

수술칼 견인기 조직을 잡아당기는 데 쓰는 갈고리

끔찍한 지짐술

1세기에 활동한 로마 의사 켈수스는 의학 백과사전 『의학에 대하여』를 썼어. 이 책에 상처 출혈을 멈추는 상세한 방법과 궤양, **종기** 치료법이 나오는데, 그 중 하나가 지짐술이야. 뜨겁게 달군 금속 도구로 혈관이나 상처를 지져서 출혈을 멈추고 상처를 아물게 하는 방법이지. 감염을 막기 위한 처치였지만 살을 지지는 과정은 끔찍하게 고통스러웠어. 이 방법은 오랫동안 유럽과 중동 지역에서 권장되었어.

전쟁에서 배우다

전투에 화약이 사용되면서 전쟁에서 다치는 군인이 크게 늘었고, 부상은 훨씬 심각해졌어. 의사들은 새로운 치료법을 개발해야 했어. 1514년, 이탈리아 외과의 조반니 다 비고(1450-1525)가 자신의 책에서 끓는 기름으로 총상을 치료하는 방법을 제시했어. 프랑스 외과의 앙브루아즈 파레(1510-1590)는 전장에서 입은 상처를 치료하는 일의 개척자였어. 1545년에는 총포에 입은 상처를 주로 다룬 책을 펴냈지. 어느 날, 끓는 기름이 떨어지자 파레는 달걀노른자, 장미 기름, 테레빈유로 상처를 치료했어. 이튿날 아침, 파레는 성공적으로 치유된 상처를 보고 크게 놀랐지. 그는 잔인하고 고통스러운 기름 치료법을 다시는 쓰지 않겠다고 선언했어.

영혼도 치료한 얼굴 재건

가스파레 탈리아코치는 1580년대에 이탈리아 볼로냐대학교에서 수술과 해부학 교수로 일했어. 그는 전투나 결투에서 다치거나 질병으로 망가진 코를 비롯하여 얼굴 부위를 재건하는 것으로 유명했지. 이 기술은 오래전부터 인도에서 사용되었으며 수슈르타(기원전 6세기)를 비롯한 의사들이 기록으로 남겼어. 탈리아코치는 1597년에 삽화가 들어간 책 『결손 복원 수술에 대하여』를 펴냈어. 이 책에서 자신의 목표는 눈을 즐겁게 하는 것이 아니라 환자의 영혼과 마음을 치유하는 것이라고 말했지. 한참 지나 제1차 세계 대전이 벌어졌을 때, 이런 시도의 영향을 받은 외과의들은 끔찍한 안면 부상까지 치료하려고 노력했어.

기적 같은 마취제

통증 완화 없이 받는 수술은 상상만으로도 끔찍하게 고통스러워. 오래전부터 환자의 고통을 줄이기 위해 알코올, 아편, 대마초 따위를 사용했지만, 수술에 진짜 혁명을 일으킨 것은 마취제 개발이었지. 선구적인 과학자와 의사, 치과의가 가장 효과적인 전신 마취제를 찾기 위해 서로 경쟁하고 영감을 주고받았어. 그 결과 일본 약초 혼합물부터 오늘날의 프로포폴까지 다양한 마취제가 개발되었지.

하나오카 세이슈 - 식물의 힘

의학의 역사는 보통 유럽에서 일어난 발전을 중요하게 다뤄. 하지만 처음으로 전신 마취제를 사용한 의사는 일본 외과의 하나오카 세이슈(1760-1835)일 거야. 그는 중국 전통 의학을 참고하여 강력한 약초 혼합물인 '통선산'을 개발했어. 자기 아내에게 실험해 보니 이 약의 효과는 24시간 동안 지속되었어. 일본 곳곳에서 환자가 몰려들었지. 하나오카는 성형수술, **절단술**, 150건이 넘는 유방암 수술을 시행했어. 하지만 그의 전문 지식이 일본 바깥으로는 알려지지 않았어. 그 뒤로도 40년 가까이 미국과 유럽에서는 이와 비슷한 수술 기법이 사용되지 않았지.

조지프 프리스틀리 - 웃음 가스

영국 화학자 조지프 프리스틀리(1733-1804)가 1771년에 산소를 발견하였고 이듬해에는 아산화질소를 발견했어. 선구적인 과학자 험프리 데이비(1778-1829)가 이 기체가 행복감을 준다는 이유로 '웃음 가스'라는 이름을 붙였어. 데이비는 이 기체가 사랑니 통증을 줄여 주는 걸 몸소 경험하고는 수술에 사용하라고 제안했어. 하지만 한동안 파티나 오락 등 주로 재미를 위해서 사용되었어.

1844년 12월, 미국 치과의 호러스 웰스(1815-1848)가 웃음 가스 시범 모임에 참석한 사람들이 자신이 다쳤는데도, 그 사실을 모른다는 걸 발견했어. 그는 하버드 의과대학에서 웃음 가스를 이용하여 이를 뽑는 공개 시범을 펼쳤어. 하지만 환자는 고통스러운 비명을 질렀고, 실망한 웰스는 포기했지. 오늘날 웃음 가스는 분만하는 산모들과 다친 환자들을 진정시키고 통증을 줄이기 위해 사용해.

로버트 리스턴 - 에테르

1730년, 독일 화학자 아우구스트 지크문트 프로베니우스(1700-1740)가 가연성이 강한 어떤 물질에 '에테르'라는 이름을 붙였어. 200년 전에 파라셀수스(1493-1541)가 이 물질로 닭을 잠재운 적이 있기는 했지만, 의료에 도입한 것은 미국 의사와 치과의였어.

1842년에 크로퍼드 윌리엄슨 롱 박사(1815-1878)가 이 물질을 처음으로 수술에 사용했을 거야. 하지만 크게 화제가 된 것은 존 워런 박사(1753-1815)가 1846년 10월 16일에 이 물질을 이용하여 종양 제거 시범을 보인 일이었어. 치과의 윌리엄 모턴도 성과를 냈지. 이 소식은 빠르게 퍼졌어. 영국에서는 1846년 12월 19일에 처음으로 이 물질을 이용한 두 건의 마취가 이루어진 듯 해. 이틀 뒤에는 유럽 최초로 외과의 로버트 리스턴(1794-1847)이 에테르를 사용하여 환자 다리를 절단하는 공개 수술을 진행했어.

에테르는 수술실에서 복잡한 장치를 사용해서 발생시켜야 하는 아산화질소보다 사용하기 쉬웠다.

제임스 영 심프슨 - 클로로포름

1847년, 리스턴의 제자 제임스 영 심프슨(1811-1870)이 자신과 두 조수를 대상으로 실험을 해 클로로포름의 마취 효과를 처음으로 입증했어. 클로로포름이 가연성이 높고 환자의 코, 폐, 목을 자극하는 에테르보다 더 안전했지만, 두 물질은 1800년대 내내 함께 사용되었어. 빅토리아 여왕이 1853년에 레오폴드 왕자와 1857년에 비어트리스 공주를 출산할 때 존 스노(50쪽 참조)에게 클로로포름을 사용하라고 요구했다는 사실이 알려지면서 클로로포름의 인기가 높아졌지.

감염을 막자

수술에 성공하는 것도 중요하지만, 수술로 생긴 상처를 성공적으로 치료하는 것도 그에 못지않게 중요해. 오래전부터 향유와 테레빈유를 상처 치료에 사용했고 상처를 지져 출혈을 막았지. 그러나 감염을 과학적으로 이해하게 된 것은 1800년대 후반이었어.

손 씻기

헝가리 의사 이그나즈 제멜바이스(1818-1865)는 오스트리아 빈의 종합병원에서 출산한 산모 가운데 많은 수가 감염으로 사망한다는 사실에 관심을 가졌어. 데이터를 분석해 보니 산파의 도움을 받은 산모보다 의과대학 학생들이 돌보는 산모가 더 사망한다는 사실이 밝혀졌지. 원인이 무엇이었을까? 그 당시 대학생들은 시체를 만진 손으로 산모의 출산을 돕고는 했는데, 그 결과로 감염이 퍼진 거였지. 제멜바이스가 염소 성분 용액으로 손을 씻도록 했더니 산모의 사망률이 가파르게 낮아졌어.

세균 이론과 무균 수술

1800년대 후반까지, 외과의는 자기 몸과 수술 도구, 수술실을 깨끗이 하는 일에 별 관심이 없었어. 이전 수술 과정에서 피가 잔뜩 묻은 옷과 앞치마를 그대로 입고 다음 수술에 들어가고는 했어. 그걸 경험이 풍부하다는 증거로 내세운 거야. 손은 수술 전이 아니라 수술이 끝난 다음에나 가끔 씻었어. 의과대학 학생들은 지저분한 상태로 수술 장면을 가까이에서 지켜보았어. 파스퇴르와 코흐의 세균 이론(15쪽 참고)이 관심을 끌고 산업 현장에서 복합 골절 같은 부상을 당하는 노동자가 늘어나면서 외과의들도 기존 수술법을 다시 검토하게 되었지.

1800년대 후반에 무균 수술이 도입되었어. **무균** 수술이란 세균(박테리아)이 수술실에 침입하지 못하게 막아서 환자의 감염을 방지하는 수술이야. 외과의는 장갑을 끼고 마스크를 썼으며 깨끗한 가운을 입기 시작했어. 나무 수술대는 청소가 더 쉬운 금속 수술대로 교체되었고, 수술 도구는 소독한 뒤에 사용했어. 오늘날에도 이런 기준을 지켜.

조지프 리스터

외과의 조지프 리스터(1827-1912)는 파스퇴르의 세균 이론을 받아들였어. 1860년대에 글래스고에서 일하는 동안, 그는 환자와 의료진은 물론이고, 수술 공간 전체에 석탄산 용액을 뿌리는 장치를 개발했어. 리스터는 1865년 8월에 다리가 심하게 부러진 11살짜리 제임스 그린리스를 수술할 때부터 석탄산 용액에 흠뻑 적신 붕대로 상처를 덮었어. 제임스의 다리는 감염되지 않았어. 절단할 필요도 없었으며 잘 회복되었지. 리스터는 의학 저널 「란셋」에 자신의 성공 사례를 기고했어. 또한 그는 손 씻기와 수술 도구 소독을 실험했는데, 이런 조치를 **무균법**이라고 해. 모두가 리스터의 방법에 찬성하지는 않았어. 세균 이론을 믿지 않는 사람도 있었거든. 어떤 사람은 석탄산이 오히려 상처를 악화시킨다고 생각했어. 그렇지만 결과가 리스터가 옳다는 것을 입증해 주었지. 리스터의 방법 덕분에 더 많은 환자가 수술을 견디고 살아남았어. 외과의는 원래는 생각조차 할 수 없었던 수술 방법까지 고려할 수 있게 되었지.

공중 보건

우리의 건강이 개인의 노력만으로 지켜지는 건 아니야. 개인은 한 가정, 한 마을, 한 도시, 한 나라의 구성원이며 요즘에는 자신을 세계 시민으로 여기는 이들도 많아. 우리가 서로 어울려 사는 방식과 정부나 다른 조직들이 우리 건강을 지키기 위해 사용하는 수단은 모두에게 영향을 미쳐.

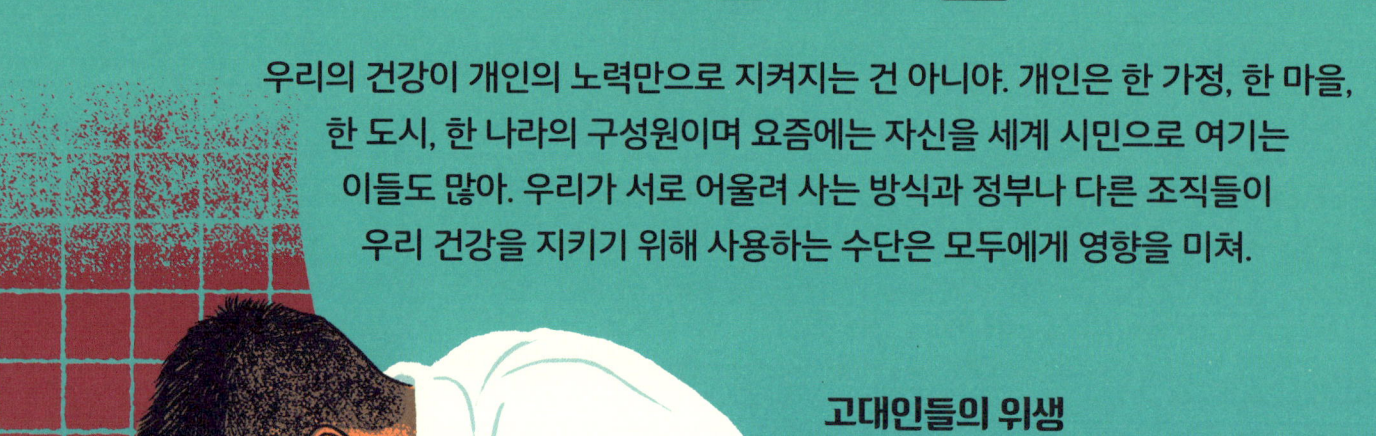

고대인들의 위생

고대 로마와 알렉산드리아 같은 거대 도시의 통치자들은 도시민의 건강과 위생을 지키기 위해 공공 수도, 하수도, 공중목욕탕과 공중화장실에 투자했어.

고대 이슬람 세계에서도 위생과 청결을 중요하게 여겼어. 이슬람교도가 하루 다섯 번 기도하기 전에 몸을 씻는 의식(이를 '우두'라 한다.)을 치르는 것도 부분적으로 이와 관련이 있어. 서유럽에서는 로마식 공중목욕탕이 대부분 버려졌지만, 이슬람 국가에서는 유지되었지.

우리 턱뼈를 살려 내라!

더러워진 도시가 건강을 위협하다

전 세계 도시들이 점점 거대해지면서 처리할 과제도 늘었어. 1800년대에 전 세계에서 가장 큰 도시였던 런던은 사람들의 배설물을 처리할 시스템을 갖추지 못했어. 여러 가구가 야외 공동화장실을 함께 이용했으며, 거기에 모인 배설물은 길거리나 강에 버려져 사람들이 몸을 씻거나 마시는 물을 오염시켰지. 심지어 사람들이 많이 묻힌 묘지에서도 부패한 물질이 새어 나왔어. 여러 가족이 북적거리며 함께 사는 상황이라 전염병은 쉽게 퍼졌고, 사망자가 많이 발생했어.

공장, 탄광, 항구에는 점점 많은 일손이 필요해졌어. 1840년대에 몇 가지 법이 통과되기 전까지는 어린아이들도 가족과 함께 위험한 환경에서 장시간 일했지. 1888년, 런던 동부 이스트 엔드의 성냥 공장에서 일하던 소녀 약 1,500명이 혹독한 노동 환경에 항의하기 위하여 파업을 일으켰어. 성냥 공장 노동자들이 '인산 괴사'라는 병에 걸리는 일이 많았거든. 성냥 재료인 백린에 노출되어 턱뼈가 괴사하는 끔찍한 병이었지.

세계보건기구가 설립되다

제2차 세계 대전이 끝난 직후인 1948년에 영국에서 국가보건서비스(National Health Service, NHS)가 시행되었어. 치과와 병원을 찾는 환자를 무료로 치료하는 제도가 세계 최초로 시작된 거야.

1948년에는 전 세계 차원에서 건강 문제에 대응하기 위하여 세계보건기구(WHO)가 설립되었어. 세계보건기구는 백신 접종과 안전한 출산 같은 중요한 프로젝트를 수행했어. 천연두와 말라리아(28-29쪽 참조) 같은 심각한 질병 퇴치에도 나섰지. 이 기구는 오늘날에도 건강에 대해 전문적인 권고를 하고 국제적 협력을 이끌고 있어.

전염병과 팬데믹

질병이 너무 빨리, 너무 넓게 번지면 통제하지 못할 수도 있어. 질병이 전 세계적으로 퍼지는 현상을 팬데믹이라고 해. 고대부터 현재까지, 수많은 사람이 흑사병, 콜레라(50-51쪽 참조), 에이즈, 사스 같은 전염병으로 고통을 겪었어. 오늘날, 우리에게는 이런 전염병을 예방하거나 치료할 수 있는 의약품이 있어. 하지만 최근 발생한 코로나19 팬데믹이 보여 주었듯이, 오늘날에도 전염병에 맞서는 것은 크나큰 과제야.

고대의 전염병

기원전 5세기에서 기원후 6세기 사이에 수많은 치명적 질병이 발생하여 그리스부터 중국까지, 그리고 로마제국 전역에서 수백만 명이 사망했어. 역사가들은 가래톳페스트와 천연두가 이때 발생한 **팬데믹**의 주요 원인일 것이라 추정해. 하지만 무엇이 치명적 감염을 일으킨 건지 아무도 확실히 알지는 못해.

가래톳페스트

페스트는 목숨을 빼앗을 만큼 위험한 전염병으로 예르시니아 페스티스(Yersinia pestis)라는 박테리아가 일으켜. 이 박테리아는 일부 포유동물(주로 시궁쥐와 생쥐)과 벼룩에 기생해. 페스트의 가장 흔한 형태가 가래톳페스트야. 페스트를 흑사병이라고 부르기도 하지. 1346년에 발생한 흑사병으로 아시아, 중동, 북아프리카, 유럽 전역에서 2억 명 가까이 사망했어(더 자세한 내용은 48-49쪽에 나와.). 1665년에는 런던 대역병으로 런던 사람 약 10만 명이 사망했어. 중세 흑사병 유행 이후로 영국에서 발생한 최악의 가래톳페스트 사례였지. 1855년에는 중국에서 발생한 페스트가 선박 운송 경로를 따라 사람이 사는 모든 대륙으로 퍼졌어. 이 팬데믹은 1960년대까지 끝나지 않았지.

천연두와 홍역

유럽 사람들은 1400년대부터 아프리카와 아메리카를 식민지로 삼는 과정에서 파괴적인 질병까지 퍼뜨렸어. 천연두 등의 바이러스가 아메리카대륙 전역에 살고 있던 선주민의 약 90%를 죽였어. 1500년대에는 쿠바와 온두라스 인구의 절반 이상이 홍역으로 사망했어.

독감

1880년대부터 1960년대까지 독감 팬데믹이 여러 차례 지구를 휩쓸었어. 가장 유명한 것은 1918년에 발생한 스페인 독감이야. 제1차 세계 대전이 끝날 무렵 군인들이 전 세계로 이동하는 바람에 널리 퍼져 1억 명 가량이 목숨을 잃었어. 전쟁 중 다른 나라들은 뉴스를 통제했지만, 스페인은 독감 발생 사례를 보도했어. 그래서 스페인 독감이란 이름이 붙었지.

에이즈

인체의 **면역계**를 공격하는 바이러스가 처음 보고된 것은 1980년대였어. 그 뒤로 약 2,500만 명이 이 바이러스에 감염되어 사망했어. 인간 면역 **결핍** 바이러스(HIV)에 감염된 사람은 **에이즈**(후천 면역 결핍증)에 걸려 심각한 건강 문제를 겪게 되지. 오늘날에는 의약품의 도움으로 HIV에 감염된 사람도 건강하게 살 수 있어.

코로나바이러스

1968년에 과학자 준 알메이다와 데이비드 티럴이 한 무리의 바이러스에 코로나바이러스라는 이름을 붙였어. 이 바이러스들이 태양의 가장 바깥층인 코로나와 비슷했기 때문이었지. 코로나는 라틴어로 화관 또는 왕관이라는 뜻이야.

SARS: 2002년 – 2004년

2002년 11월에 중국에서 첫 사례가 보고된 뒤로, 전 세계에서 중증 급성 호흡기 증후군(사스 SARS)으로 774명이 사망했어. 그렇지만 이 팬데믹은 감염자 **격리** 조치로 곧 진정되었어.

MERS-CoV: 2012년 –

중동 호흡기 증후군 바이러스(MERS-CoV)는 처음에 낙타를 통해 사람에게 전염되었어. 2012년 이후 사우디아라비아와 우리나라를 비롯하여 27개국에서 환자가 보고되었으며, 지금도 발생하고 있어.

SARS-CoV-2: 2019년 –

코로나19 팬데믹은 2019년 12월 중반에 중국에서 첫 사례가 보고된 뒤로 급속하게 퍼져 전 세계를 위기로 몰아넣었어. 2023년까지 7억 명 이상이 감염되었고, 이 가운데 600만 명 이상이 사망했어. 과학자들이 놀라운 속도로 효과적인 백신을 개발했지만, 백신을 전 세계 모든 사람에게 보급하는 일은 여전히 어려움을 겪고 있지.

흑사병

14세기에 무시무시한 질병이 아시아, 중동, 북아프리카, 유럽을 휩쓸고 지나가면서 2억 명에 이르는 사망자를 남겼어. 가래톳페스트 환자가 엄청난 규모로 발생한 이 사건은 역사상 가장 치명적인 팬데믹이었어. 당시에는 이 질병의 원인과 전염 방법을 몰랐으며 치료 방법도 없었지. 오늘날에도 마다가스카르 같은 곳에서 주기적으로 페스트가 발생하지만, 항생제를 사용해 성공적으로 치료할 수 있어.

페스트의 습격

가래톳페스트는 아주 오래된 질병으로 현재의 우즈베키스탄과 키르기스스탄 지역에서 1200년대에 시작된 것 같아. 역사가들과 과학자들은 야생 마멋에 붙어서 살던 벼룩이 사람을 물면서 자기 혈액 속에 있던 박테리아를 옮긴 것으로 추정하지. 쥐에 기생하는 벼룩, 빨지 않는 옷과 침대보에 사는 이를 통해 질병이 퍼졌어. 사람들이 더러운 곳에서 바글바글 모여 살아서 쉽게 전파되었지. 페스트는 각지를 여행하는 상인들을 따라서 콘스탄티노플, 유럽 전역, 중동과 북아프리카까지 퍼졌어. 당시 사람들이 역병이라고 불렀던 페스트는 영국과 오늘날의 독일, 이탈리아에 특히 큰 피해를 주었어. 1347년에서 1351년 사이에 정점을 찍은 페스트 팬데믹은 그 뒤로도 몇 세기 동안 여러 차례 유행했어.

통증, 고통, 멍울과 부어오름

페스트는 공포스러운 질병이었어. 처음에는 열이 나고, 몸이 욱신거리며 피로해져. 이내 사타구니, 목, 겨드랑이 림프샘이 감염되어 멍울이 생기고 부어올라. 이 병에 걸린 환자 중 극히 일부만 회복했어. 나머지는 심하면 24시간 이내에, 대부분은 일주일 내에 사망했지.

예방과 격리

많은 사람이 페스트가 신이 내린 형벌이라고 믿고 교회를 찾아 자신들을 보호해 달라고 기도했어. 일부 의사들은 환자로부터 나와 건강한 사람에게 쉽게 퍼지는 독성 기체 또는 독한 기운이 이 질병의 원인이라고 믿었어. 향이 나는 약초를 통에 넣어 목에 걸면 페스트를 예방하는 데 도움이 된다는 생각도 널리 퍼졌지.

페스트 팬데믹 기간에 살았던 프랑스 출신 기 드 숄리아크(1300-1368)나 스페인 출신 이븐 알카팁(1313-1374) 같은 의사들은 오늘날에도 인정하는 질병 예방법을 강조했어. 그들은 신선한 공기, 방 청소, 감염된 환자로부터의 격리를 중요하게 여겼어. 많은 항구에서 배를 타고 도착한 사람들에게 40일 동안 앞바다에 머물도록 명령했어. 격리를 뜻하는 영어 'quarantine'은 숫자 40을 가리키는 이탈리아 단어에서 유래했어.

오늘날 우리는 새 부리 모양 마스크를 쓴 의사들을 페스트의 상징으로 여긴다. 하지만 실제로 의사들이 이런 복장을 하기 시작한 것은 1600년대이다.

페스트의 흔적을 따라

1894년, 스위스에서 태어난 프랑스 의사 알렉상드르 예르생(1863-1943)이 예르시니아 페스티스 박테리아를 발견했어. 오늘날 과학자들은 14세기 팬데믹으로 사망한 사람들의 뼈 DNA를 분석하여 예르시니아 페스티스 박테리아의 흔적을 찾아내려고 시도해.

콜레라

1831년 10월 18일, 선덜랜드 출신의 12살 소녀 이저벨라 아자르가 사망했어. 영국에서 콜레라가 처음 퍼지기 시작할 때 목숨을 잃은 사람들 중 하나였지. 갑자기 몸져누운 이저벨라는 심한 구토와 설사를 호소했고, 채워지지 않는 갈증을 느꼈어. 눈은 푹 가라앉았고 피부는 걱정스러울 정도로 파랗게 변했어. 1800년대에 네 차례 유행한 콜레라로 14만 명 이상이 사망했어. 무언가 크게 잘못되어 가고 있었던 거지. 원인이 뭐였을까? 나중에 이루어진 조사로 생활 환경과 공중 보건이 전염병 확산과 연관되어 있다는 사실이 밝혀졌어.

기원과 확산

인도 동부 벵골 지역에서 기원한 콜레라는 세계적 팬데믹이 되어 선덜랜드까지 도달했어. 1800년대 중반, 영국이 인도 전역으로 식민지를 확대하는 과정에서 철도와 운하를 새로 건설하였고, 이 경로를 통해 군인들이 콜레라를 퍼뜨렸지. 제국 건설이 한창 이루어지던 시기에 영국 무역선의 탑승 규모가 커졌고, 인구 이동이 세계적으로 활발해졌어. 아시아, 중동, 아프리카 동부와 북부까지 콜레라가 퍼지면서 수백만 명이 사망했지. 치료법이 없었으므로 감염된 사람들이 24시간 이내에 사망하는 경우도 꽤 많았어.

병의 원인을 찾아라

과학자, 의사, 정부 관료가 수십 년에 걸쳐서 다양한 원인을 조사했어. 다수가 악취(15쪽 참조)가 원인이라고 믿었지만, 의사인 존 스노(1813-1858)는 1850년대에 콜레라가 오염된 물을 통해 전파된다고 주장했어. 그는 잘 알려진 대로 런던 소호의 펌프에서 공급된 물을 주변에서 발생한 콜레라의 원인으로 지목했어. 스노가 콜레라를 수인성 전염병으로 정확하게 식별한 거야. 하지만 30년 뒤인 1884년이 되어서야 로베르트 코흐가 이 질병을 일으키는 박테리아를 발견했지.

위생의 중요성

악취가 나는 공기나 안개가 질병을 일으키지는 않아. 하지만 악취를 제거하기 위한 조치는 위생 상태와 생활 조건을 개선했고, 이는 궁극적으로 질병 통제에 도움이 되었어. 1842년, 에드윈 채드윅(1800-1890)이 영국 정부에 조사 보고서를 제출했어. 이 보고서에서 그는 도시의 빈곤, 질병, 먼지와 악취가 모두 연결되어 있으며, 도시를 깨끗하게 청소하면 질병 발생이 줄고 사람들의 생활도 개선된다고 결론지었어.

정부는 **하수**와 배수 처리 시설, 물 공급과 주택 개선 사업에 대한 투자가 경제에도 도움이 된다는 걸 깨달았어. 1848년의 공중보건법을 시작으로 나라 전체를 변화시키기 위한 여러 법률을 제정했지. 하지만 이런 법률이 실제 효과를 내기까지는 수십 년이 걸렸어. 1858년, 사람과 동물의 배설물과 산업 오염물로 뒤덮인 템스강에서는 참기 힘든 냄새가 났어. 이 사건을 '런던 대악취'라고 하지.

오늘날의 콜레라

지금도 세계 곳곳에서 콜레라가 유행해. 1961년에 서아시아에서 시작된 콜레라는 1971년에는 아프리카에, 1991년에는 아메리카에 도달했어. 콜레라는 여러 나라에서 **풍토병**으로 유행해. 해마다 전 세계에서 약 400만 명이 이 병에 걸리고 14만 명이 사망할 정도야. 오늘날 콜레라는 일찍 발견하면 쉽게 치료할 수 있어. 1980년대 이후로는 콜레라 백신이 예방에 큰 도움을 주고 있지. 세계보건기구는 가장 큰 피해를 입은 20개 나라와 함께 2030년까지 콜레라를 완전히 몰아내기 위해 노력하고 있어.

백신을 발명하다

전염병이 시작되기 전에 막을 수 있다면 좋겠지? 한때는 목숨을 위협했던 소아마비, 홍역, 유행성이하선염 같은 질병들이 오늘날에는 백신 접종 덕분에 드물게 발생해. 무해한 병원체를 우리 몸에 조금 넣어 줌으로써 면역계가 병원체를 공격하는 적절한 항체를 생산하도록 하는 방법이 백신 접종이야. 대다수가 백신을 접종하면, 질병이 퍼지지 못하지.

천연두

천연두는 치료가 되지 않는 무서운 질병이야. 열이 나다가 온몸에 물집같은 발진이 생기는 질병으로 걸리면 목숨을 잃거나 실명할 수 있어. 운이 좋아 회복하더라도 흉터가 남아. 환자 대부분은 다섯 살 이하의 어린이였어. 과학자들은 천연두가 설치류 동물인 아시아 저빌에서 기원했다고 믿어. 이 병에 대한 첫 묘사가 고대 인도와 중국 문헌에 나온다는 게 근거지. 미라에 흉터가 남은 걸 보면, 고대 이집트의 파라오 람세스 5세가 기원전 1145년에 사망한 원인도 천연두였을 거야. 잉글랜드 국왕 에드워드 6세도 1553년에 천연두로 열여섯 살에 사망했어. 20세기에 전 세계에서 약 3억 명이 이 병으로 사망한 것으로 추정되지.

접종법

수 세기 동안, 웨일스, 인도, 튀르키예처럼 서로 멀리 떨어진 나라의 사람들이 천연두에 한 번 걸렸던 사람은 다시 걸리지 않고 다른 사람에게 옮기지도 않는다는 사실을 제각기 발견했어. 그들은 접종법을 사용해 의도적으로 사람들을 감염시켰어. 건강한 사람에게 상처를 내고 거기에 말린 천연두 딱지를 문지르거나 천연두 환자의 고름을 넣는 방식이었어. 1700년대 초기 미국에서는 아프리칸인 노예들이 유럽인 주인들에게 천연두 접종법을 알려 주었어. 1721년, 메리 워틀리 몬터규(1689-1762)가 접종법을 유럽에 소개했어. 그는 남편이 콘스탄티노플 주재 영국 대사로 일하는 동안 접종법의 위력을 직접 눈으로 확인했거든. 아들과 딸 모두 접종을 받도록 했으며, 영향력 있는 의사들을 초대하여 자기 딸이 낯선 처치를 받는 과정을 지켜볼 기회도 줬어. 강한 반대에 부닥쳤지만, 그의 상류층 인맥 덕분인지 접종법에 대한 신뢰가 퍼지기 시작했어. 사후에 그가 튀르키예에서 접종을 옹호하며 쓴 편지들이 출판되었어. 그의 선구적인 업적도 합당한 평가를 받았지.

> 1718년 4월 1일
>
> 내가 지금부터 하는 이야기를 들으면, 당신도 이곳에 오고 싶을 것입니다. 영국에서는 잘 퍼지고 치명적인 천연두가 이곳에서는 전혀 해를 끼치지 않습니다. 매년 가을, 큰 더위가 수그러드는 9월에 노부인들이 일 삼아 수술을 합니다. 사람들은 서로에게 천연두 접종을 받을 가족이 있는지 알아봅니다. 그러고는 접종을 위해 다 함께(보통 열다섯이나 열여섯 명쯤) 모입니다. 노부인은 가장 좋은 천연두 물질이 든 호두 껍데기를 들고 나타나 어느 정맥에 수술을 받을지 묻지요. 노부인은 사람들이 지정한 정맥을 큰 바늘로 즉시 찢어서 연 뒤(긁힌 것보다 약간 더 아픈 정도입니다.) 천연두 물질을 바늘 끝에 묻혀서 정맥에 집어넣습니다. 상처는 껍데기 조각으로 덮은 다음 붕대를 감아 보호합니다.

제너의 새로운 발견

영국에서는 어릴 때 천연두 접종을 받았던 에드워드 제너(1749-1823)가 과학적인 연구를 시작했어.

1796년 5월 14일, 제너는 자기 집 정원사의 여덟 살짜리 아들인 제임스 핍스에게 우두를 접종했어. 소를 기르는 농장에서 일하다가 우두에 걸린 여자에게서 고름을 채취하여 제임스의 팔에 상처를 내고 넣었지. 제너는 이 위험한 실험이 효과가 있는지 알아보려고 7월 1일에 제임스를 천연두에 감염시키고 몇 달 후에 다시 한 번 감염시켰어. 제임스는 약간 열이 나고 몇 군데 발진이 생겼지만, 이 끔찍한 질병에 걸리지는 않았어. 제너는 연구 결과를 1798년에 발표했어. 우두 접종을 받은 사람이 천연두에 면역된다는 사실을 증명한 거지. 제너는 자신이 개발한 방법을 백신 접종이라고 불렀어. 백신은 '암소'를 뜻하는 라틴어 바카(vacca)에서 딴 말이야.

천연두 백신은 빠르게 전 세계에 보급되었어. 제너는 정원의 정자를 세계 최초의 백신 병원으로 바꾸는 일부터 시작했어. 남은 일생도 생명을 구하는 신기술을 전파하는 데 바쳤지. 하지만 이 끔찍한 질병은 인도, 브라질, 사하라사막 남쪽 지역 같은 가난한 곳에서는 여전히 심각한 문제로 남아 있었어. 1966년에 세계보건기구가 천연두를 근절하기 위한 백신 접종 캠페인을 시작했어. 1980년 5월 8일, 드디어 인류는 천연두로부터 자유로워졌어.

끝나지 않는 도전

백신 접종이 전 세계 보건에 엄청난 변화를 일으켰지만, 바이러스가 일으키는 질병은 여전히 치료와 예방이 매우 까다로워. 백신 접종에 대한 사람들의 우려 또한 오래도록 이어졌으며, 오늘날에도 계속되고 있지.

백신 반대 운동

1720년대에 영국은 힘없는 죄수와 고아들을 대상으로 처음으로 천연두 접종을 실시했어. 접종한 이들은 모두 살아남았고 죄수들은 그 대가로 석방되었지. 19세기 들어 천연두 백신이 확실한 성공을 거두자 정부는 모든 어린이에게 백신을 접종하려고 했어. 1853년, 영국은 모든 어린이가 천연두 백신을 의무적으로 접종해야 한다고 선포했지. 접종을 거부한 부모는 벌금을 물어야 했으며, 심지어 투옥되기도 했어. 그렇지만 일부 사람은 천연두 백신이 정신 이상, 당뇨병을 유발하며 심지어 목숨을 빼앗는다고 믿었어. 또 다른 사람들은 소에서 채취한 물질을 사람에게 주입하면 암이 발생하고 신이 노한다며 두려워했지. 백신이 의심할 바 없이 효과가 있는데도 불구하고, 정부는 부모가 접종을 거부할 수 있다고 판단했어. 그렇지만 영국에서 천연두 백신 의무 접종은 1948년까지 시행되었어.

백신이 안전하며 모든 사람의 건강에 도움이 된다고 사람들을 설득하는 일은 아직 끝나지 않은 과제야. 최근 벌어진 코로나19 팬데믹 상황에서도 마찬가지였어.

1885년, 10만 명에 이르는 백신 반대자들이 현수막을 들고 레스터 시내를 행진했어. 그들은 에드워드 제너의 모형을 불태우기도 했다.

움직이는 표적

오늘날 과학자들은 전문적으로 특정 질병을 예방하는 백신을 개발해. 그렇지만 바이러스는 끊임없이 변화하며 그에 맞춰서 백신도 수정되어야 하지. 바이러스 변이는 예측하기 어려워. 1930년대에 영국 군인들에게 사용한 독감 백신은 연구자들이 바이러스 자체로부터 개발한 것이었어. 따라서 그 백신은 바로 그 바이러스에만 효과가 있었지. 오늘날 과학자들의 연구 목표는 모든 변이에 보편적으로 효과를 발휘하는 독감 백신을 개발하는 거야.

감기

감기 바이러스는 예방하기 어려워. 코로나바이러스를 포함해 감기를 일으키는 바이러스는 수없이 많아. 코로나바이러스는 준 알메이다 (1930-2007)가 1965년에 콧물 범벅인 영국 학생의 코에서 채취한 물질을 이용해 처음 식별해 냈어.

1946년, 영국에서 '감기 부대'가 설립되었어. 솔즈베리 근처 옛 군병원에 본부를 두고 감기의 원인을 조사했지. 30년이 넘는 기간에 최소 18,000명이 자발적으로 그곳에 머물었어. 의사들은 감기 바이러스를 200종 가까이 식별하고, 그에 맞는 치료제를 시험할 기회를 얻었어.

의사가 되려면,
평등을 위해 싸워라

고대부터 대부분 사회에는 질병을 치료하거나 환자를 돌보는 전문가가 존재했어. 여성들도 이런 전문가 역할을 했지만, 가족이나 공동체를 돌보기 위해 그들이 한 일은 보통 대가를 지불받지 못했지. 과거의 치유자(남성과 여성)는 대개 경험이 풍부한 선배들에게 배웠으며 자격시험 같은 것은 치르지 않았어. 오늘날 의사들은 최고 수준의 지식을 갖추어야만 국가에서 보증하는 자격을 획득할 수 있어. 그러나 더 엄격한 자격 제도가 도입된 뒤부터 여성들은 더 많아진 장애물을 넘기 위해 힘겹게 투쟁해야 했지.

의료 전문가를 엄격히 통제하다

영국에서는 1300년대에 옥스퍼드대학교에서 처음으로 의과대학이 등장했어. 1518년에는 런던에 의과대학이 설립되어 의료 행위를 하는 사람들이 갖추어야 할 기준을 통제하게 되었지. 그러나 여성에게는 그런 기준을 갖출 기회조차 주어지지 않았어. 당시 의료 기관들은 '돌팔이 의사'(32쪽 참조)를 받아들이지 않으려고 엄격한 취업 조건을 제시했거든. 대학에 갈 여유가 없는 남성들은 그 조건을 맞출 수 없었어. 여성들에게는 입학시험을 볼 기회조차 주어지지 않았지. 1850년대에 영국 의료 종사자 등록에 관련된 몇몇 법률이 통과되면서 이러한 제한은 더욱 엄격해졌어.

두 차례 세계 대전으로 남자들이 외국으로 싸우러 떠나면서 여성에게도 의료계에 진출할 기회가 열렸어(다른 직업도 상황이 비슷했다.). 하지만 1970년대가 되어서야 여러 나라에서 여성이 남성과 동등한 자격으로 의과대학에 입학할 수 있게 되었지. 오늘날 영국에서는 남성 일반의보다 여성 일반의의 수가 더 많지만, 성 고정관념이나 가족 친화적이지 못한 노동 환경 등의 문제들은 여전히 해결 과제로 남아 있어.

과거의 여성 의료인

의료인 역할을 수행한 여성에 대한 정보를 찾는 일은 쉽지 않아. 지금까지 남아 있는 증거가 부족하기 때문이야. 그러나 기원전 2700년경 것으로 추정되는 고대 이집트 무덤에는 메리트 프타라는 여성을 수석 의사로 묘사한 기록이 남아 있어. 또한 트로타라는 여성이 1100년대에 특정한 이탈리아 의학 문헌을 집필한 것으로 보여. 다른 책에도 이탈리아 살레르노의 의학 학교와 관련된 여성들의 이름이 등장하지. 9세기에 설립된 이 학교가 아마 세계 최초의 의학 학교였을 거야. 당시로는 특이하게도 이 학교는 남성은 물론이고 여성도 학생과 선생으로 받아들였어.

여성 개척자들

여성이 공식적으로 의사로 인정받기 위해서는 아주 높은 장애물을 넘어야 했어. 남자들은 물론이고 여자들까지 여성 의사의 능력을 의심하는 편견에 사로잡혀 있었기 때문이지. 어떤 사람들은 여자는 힘이 너무 약하고 비위도 약하며 환자들이 신뢰하기 어렵다고 믿었어. 의료 현장에 여성들이 반드시 필요하다고 주장하는 사람들도 있었어. 여성 환자들이 여성 의료인의 조언과 치료를 더 신뢰한다는 거였지. 여러 여성이 직업 세계에서 자기 지위를 확보하기 위해서, 그리고 끈질긴 반대에 맞서기 위해서 열심히 노력했어.

도로테아 에르크슬레벤(1715-1762)
의학 학위를 받은 최초의 여성

오빠와 함께 의학을 공부하기로 결심한 도로테아는 프로이센의 프리드리히 2세로부터 1741년에 할레대학교 입학 허가를 받았다. 이유는 분명하지 않지만, 두 남매는 바로 공부를 시작하지는 못했다. 도로테아는 아버지의 진료소를 운영하는 동시에 아홉 자녀를 둔 성직자 아내의 역할을 훌륭하게 수행한 뒤, 1754년에 할레대학교를 졸업했다. 도로테아는 죽을 때까지 의사로 활동했지만, 20세기가 될 때까지 어떤 여성도 독일의 의과대학에 입학하지 못했다.

엘리자베스 블랙웰(1821-1910)
미국에서 최초로 자격을 획득한 여성 의사

엘리자베스 블랙웰은 영국 브리스틀에서 태어나 어린 시절 가족과 함께 미국으로 이주했다. 의사 훈련을 받기로 결심하기 전까지는 교사로 일했다. 엘리자베스의 입학을 허락한 유일한 의과대학은 뉴욕주의 제네바 의과대학이었다. 남학생으로만 이루어진 학생회가 재미 삼아 엘리자베스의 입학에 찬성한 것이다. 엘리자베스는 1849년에 졸업했으며, 1857년에는 역시 의사인 여동생 에밀리와 함께 뉴욕 빈곤 여성과 아동 진료소를 열었다. 10년 뒤, 두 자매가 함께 여성 의과대학을 설립했는데, 엘리자베스가 영국에 돌아와 있는 동안 에밀리가 운영했다. 엘리자베스는 1859년에 여성 최초로 새로운 의사 등록부에 이름을 올렸다.

엘리자베스 개릿 앤더슨(1836-1917)
영국 최초로 의사 자격을 획득한 여성

개릿 앤더슨은 의사 자격을 갖추기 위해 개인 교습을 받는 동시에 병원에서 일했다. 당시 영국의 의과대학은 여성을 받아들이지 않았기 때문이다. 1865년에 유일하게 시험을 치를 기회를 준 약사 협회는 그 뒤로 23년 동안 다시 여성에게 문을 걸어 잠갔다. 개릿 앤더슨은 1866년에 세인트 메리 여성 아동 진료소를 열었고, 1883년에 런던 여성 의과대학의 학장으로 임명되었다. 이 학교는 영국 최초로 여성이 의사 훈련을 받을 수 있는 곳이었다. 개릿 앤더슨은 여성의 정치적 권리를 주장하는 참정권 운동에도 열심히 참여했으며, 1908년에 영국 최초의 여성 시장으로 선출되었다.

조산술

출산은 자연스러운 과정이지만 때로 산모와 아기 둘 다 위험해질 수 있어. 오랜 세월 조산사들이 출산을 도왔는데, 전통적으로 지역 사회의 여성들이 대가 없이 하는 일이었지. 역사적으로 남성은 아버지든 의사든 분만실에 들어갈 수 없었어. 물론, 조산사 일을 하려는 남성도 없었지.

전문 지식을 나누다

조산사들은 전통적으로 경험이 많은 선배 조산사로부터 일을 배웠는데, 1500년대부터는 글을 읽을 줄 안다면 안내서를 참고할 수 있었어. 1609년에 프랑스 왕비 마리 드메디시스의 조산사였던 루이즈 부르주아(1563-1636)가 2,000번이 넘는 출산을 관찰한 기록을 담은 책을 썼거든.

겸자를 발명하다

1813년, 영국 에식스에 있는 체임벌렌 가족의 집 마룻널 아래에서 특별한 수술 도구 상자가 발견되었어. 체임벌렌 일가는 4대에 걸쳐서 남성 조산사로 일했어. 피터(1560-1631)는 제임스 1세의 부인인 덴마크의 앤, 찰스 1세의 부인인 헨리에타 마리아의 조산사였지. 발견된 상자에는 겸자도 네 개가 들어 있었어. 아기 머리를 감쌀 수 있도록 둥글게 휘어진 금속 집게로 힘겨운 출산을 돕는 도구였어. 체임벌렌 가족은 이 겸자를 발명한 덕분에 성공적인 출산을 돕는 일에서 다른 조산사들보다 상당히 유리했을 거야. 체임벌린 가족은 겸자에 대한 특허권을 획득하려고 시도했다가 실패하자 겸자를 비밀스럽게 간직했어. 소문에 따르면 그들은 사방이 막히거나 커튼으로 가린 마차를 타고 이동했으며, 산모의 눈을 가렸어. 겸자는 금으로 덮인 상자 속에 보관했는데, 상자가 적어도 두 사람이 들어야 할 만큼 컸대.

여성과 남성의 대결

1700년대부터 이른바 '남성 조산사'(초기 **산부인과** 의사)들이 출산에 의사와 기구가 필요하다고 생각했어. 그들은 자신들의 전문 지식이 꼭 필요하다고 주장했지. 여성 조산사들은 출산은 자연적으로 이루어져야 하고, 여성이 주도해야 한다고 맞섰어. 사람들은 대개 남성이 출산을 돕는 것이 부적절하다고 여겼어.

'영국 조산술의 아버지'라 불리는 스코틀랜드 출신 윌리엄 스멜리(1697-1763)가 자연적 출산 과정을 세세히 관찰하여 그 내용을 출판했으며, 실제로 출산에 참여하는 방법으로 조산사와 의과대학 학생들을 지도했어.

조산사들은 21세기에도 여전히 성차별에 맞서 싸우고 있어. 이 싸움에 나선 이들은 남성이야. 영국의 1951년 조산사 법은 심지어 남성이 조산사로 일하는 것을 금지했으며, 20세기 후반까지 많은 나라에서 남성 조산사를 허용하지 않았어. 이제 이런 차별은 사라졌지만, 지금도 조산사 중에서 남성의 비율은 1%를 넘지 못해.

특별한 의료 전문가, 치과의

치과의라는 적합한 명칭이 등장한 건 1700년대였지만, 썩은 이를 뽑고 치통을 낫게 할 사람을 찾는 일은 언제나 중요했어. 현대인의 눈(그리고 치아!)에는 당시의 처방, 사용한 기구와 처치를 하는 사람들까지 모두 매우 이상해 보일 테지만, 아무튼 끔찍한 치통이 사라졌으므로 치과의가 필수적인 전문직이 되었지. 20세기에는 치아를 깨끗이 유지하고 단 음식 소비를 줄이자는 공중 보건 캠페인으로 치과 질환을 예방하려고 노력했어.

이발사 외과의와 떠돌이 발치사

초기 치과 치료의 주요 목표는 원인 예방이 아니라 고통을 멈추는 것이었어. 자연스럽게 날카로운 도구로 일하는 사람들이 이 일을 맡았지! 중세 유럽 사람들은 이가 아프면 대장장이, 가발 제작자, 보석 세공인 또는 약종상을 찾아가 이를 뽑았어. 그러나 사람들이 가장 많이 찾은 것은 이발사 외과의였어. 그들이 이발뿐만 아니라 치아 치료에도 경험이 많았거든. 전문 발치사들이 전국의 시장과 축제를 찾아다니며 이를 뽑기도 했어. 이들 가운데 일부는 그저 쇼를 벌이는 사기꾼에 불과했지만, 남에게 추천할 만큼 실력 있는 이들도 있었지. 심지어 잉글랜드 국왕 헨리 4세(1367-1413)는 자신만의 개인 발치사를 둘 정도였어. 1700년대 초기부터 열쇠처럼 생긴 발치 기구(dental key)가 사용되었는데, 이 기구로 치아를 너무 세게 붙잡고 뽑다가 잇몸과 뼈까지 뽑는 경우가 종종 있었어. 가끔은 환자의 턱뼈가 부러지는 사고가 나기도 했지.

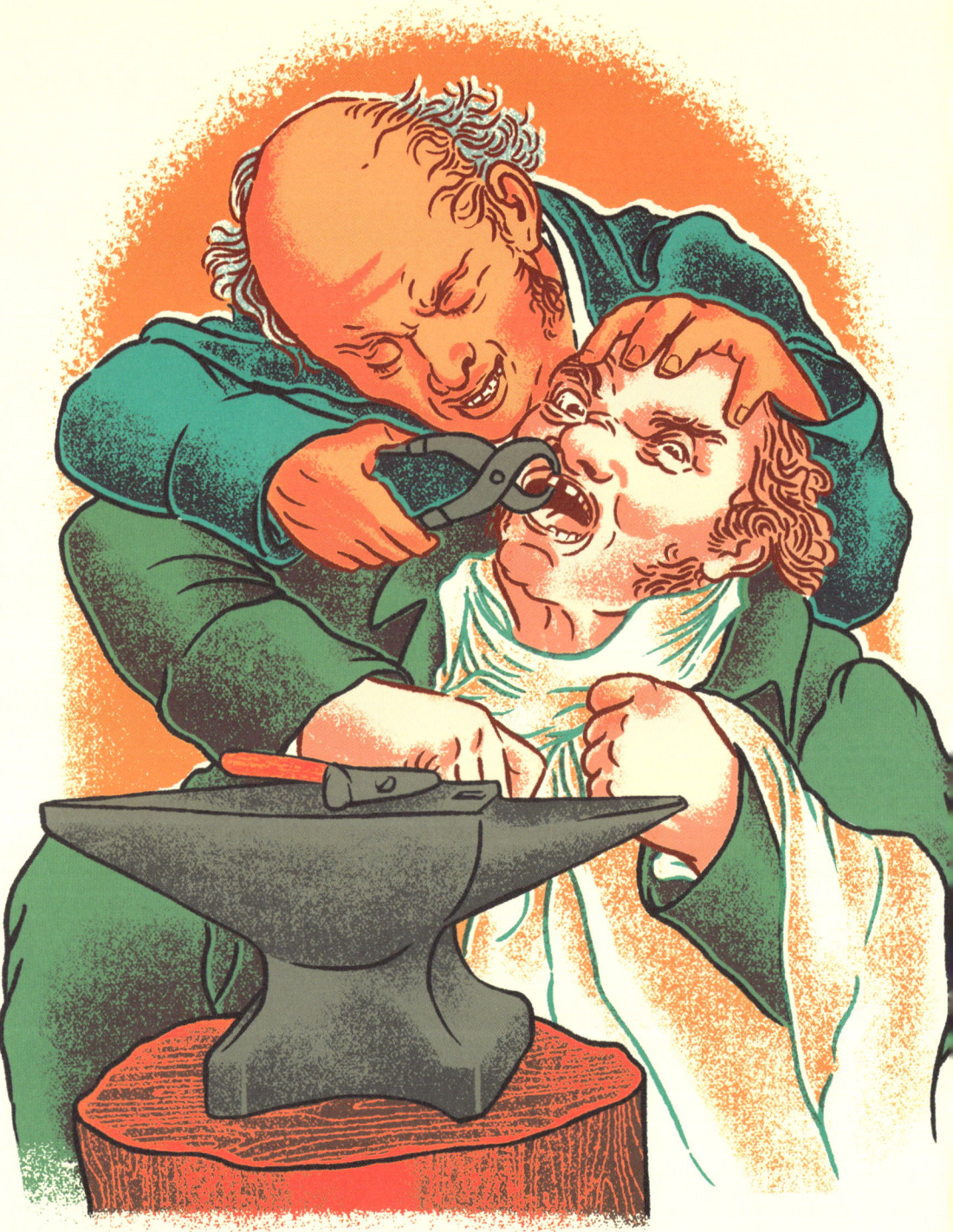

최초의 전문 치과의

치과 치료는 갈수록 전문화되어 갔지만, 치과의들은 대개 도제식 훈련을 받았어. 학위를 받거나 자격시험을 통과할 필요는 없었지. 1850년대 런던에서 부속 학교가 딸린 치과병원이 처음으로 문을 열었어. 1878년이 되어서야 치과의 자격시험과 국가 등록 제도를 규정한 법이 시행되었어. 치과의로 처음 등록한 이는 존 톰즈(1815-1895)로, 이 분야에 헌신한 공로로 기사 작위를 받았어.

치아 건강을 위한 도구

치아를 잘 관리하면, 치통이나 의치 걱정을 할 일은 없어. 현대 기술의 발달로 치아를 건강하게 유지하고 상한 치아를 구할 가능성이 더 커졌지.

드릴

1864년에 영국 치과의 조지 해링턴이 태엽을 활용한 드릴을 발명하기 전까지 치과의들은 끌과 줄로 썩은 부위를 제거했다. 미국 치과의 제임스 B. 모리슨(1829-1917)은 당시의 재봉틀처럼 발로 작동하는 드릴을 개발하여 충치를 효율적으로 치료했다. 1870년대에 전기 드릴이 등장하고 1950년대에 공기 터빈 드릴이 개발되면서 치료 시간이 단축되었고 환자들의 고통도 줄어들었다.

칫솔

중국인들은 자신들이 강모 칫솔을 1400년대에 처음 발명했다고 주장한다. 멧돼지 목에서 뽑은 뻣뻣한 털을 뼈나 대나무에 붙여서 사용했다는 것이다. 영국에서는 1780년대에 처음 칫솔이 판매되었는데, 소뼈 손잡이에 말이나 돼지의 털을 붙인 것이었다. 1930년대에는 새로 발명된 나일론으로 인공 털을 만들어 사용한 칫솔이 처음 등장했다.

치약과 구강 청결제

수천 년 동안 사람들은 호흡을 상쾌하게 하고, 치아를 하얗게 하고, 청결을 유지하기 위해 치약과 구강 청결제를 사용했다. 민트같이 신선한 느낌을 주는 물질만 쓰지는 않았다. 기원전 2700년쯤 중국인들은 어린아이의 오줌으로 입을 헹구라고 권장했다. 고대 로마인들은 포도주나 대마초 오일, 또는 맥주 같이 좀 더 맛있는 것으로 입을 헹구었다.

의치

의치는 현대의 발명품이 아니다. 기원전 700년 무렵에 소 이빨을 금 밴드로 고정하여 사용했던 의치 유물이 이탈리아에서 발견되었다. 1600년대에는 바다코끼리나 코끼리 상아로 만든 의치뿐만 아니라 하마 상아를 쓰기도 했다! 나중에는 도자기로 만든 의치가 사용되기도 했지만, 1860년대에 경질 고무, 1930년대에 아크릴 의치가 개발되고 나서야 의치가 좀 더 쓸 만하게 되었다.

전쟁이 혁신을 가져오다

전쟁이 일어나면 언제나 끔찍한 부상자와 사망자가 생겨. 그러나 한편으로는 의료인들이 엄청난 도전에 맞서 새로운 치료제나 치료법을 신속하게 개발하는 계기이기도 하지. 그래서 그리스 의사 히포크라테스는 전쟁터를 외과의를 위한 최적의 훈련 장소라고 말했어. 전쟁 때 등장한 혁신적인 의약품, 수술 기법, 장비와 조직 운영 방식이 전쟁이 끝난 뒤에 더 많은 사람을 구하기 위해 사용되기도 하지.

1803-1815 나폴레옹 전쟁

나폴레옹 군대의 외과의였던 도미니크 장 라레(1766-1842)가 처음으로 '트리아지' 분류 체계('트리아지'는 프랑스어로 '분류하다' 또는 '선택하다'라는 뜻이다)를 세웠어. 이는 부상을 당한 군인들을 부상의 심각성에 따라서 분류하는 방법이야.

부상이 경미한 군인은 빠르게 치료하여 전장으로 돌려보내. 꽤 큰 부상을 입은 군인은 시간을 두고 치료하여 회복하도록 둬. 부상이 너무 심해서 살아남을 가능성이 없는 군인은, 애석하지만 치료하지 않아.

1853-1856 크리미아 전쟁

이 전쟁에서 영국 군대가 최초로 클로로포름을 **마취제로** 사용했어(40-41쪽 참조).

1899-1902 남아프리카 전쟁

영국군이 9대의 엑스선 장비를 남아프리카로 가져갔어. 뢴트겐의 최신 발견을 활용하여 상처에 박힌 파편을 더 쉽게 찾아냈지.

1914-1918 제1차 세계 대전

환자의 다리를 완벽하게 고정하는 간편한 장치인 토머스 부목이 처음 도입되어 수천 명의 목숨을 구했어. 이 장치는 지금도 사용해. 이 장치 덕분에 절단 수술이 줄었으며, 그만큼 감염으로 인한 사망자 수도 감소했어.

1914년에 구연산나트륨을 주입하면 혈액의 응고를 방지할 수 있다는 사실이 발견되었어. 이 방법을 도입하여 사상 처음으로 혈액을 26일까지 보관하게 되었지. 혈액을 필요한 곳으로 운송해 나중에 사용할 수 있게 된 거야. 전장에서 사용할 목적으로 휴대용 **수혈** 장비가 설계되고 최초의 혈액은행이 설립되었어.

1939-1945 제2차 세계 대전

마비처럼 삶을 송두리째 바꾸는 부상을 입고 생존하는 군인이 점점 늘어나자, 루트비히 구트만 박사(1899-1980)가 1944년에 영국 스토크 맨더빌에 국립척추부상센터를 열었어. 이곳이 패럴림픽의 발상지이기도 하지.

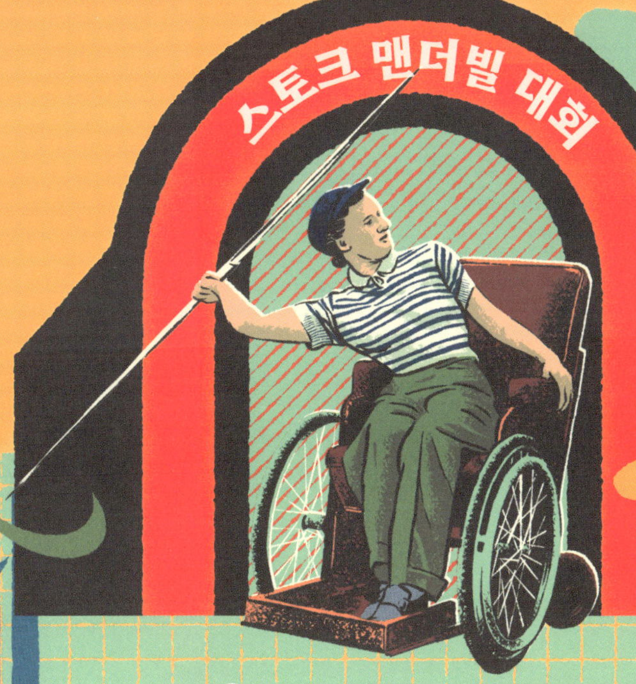

스토크 맨더빌 대회

1950-1953 한국전쟁

헬리콥터가 하늘을 나는 정규 앰뷸런스로 처음 사용되었어. 오늘날에는 환자와 부상자를 신속하게 이송하기 위해 전 세계에서 항공 앰뷸런스를 이용해.

1955-1975 베트남전쟁

전쟁에서 입은 중대한 심리적 충격을 외상 후 스트레스 장애(PTSD)로 처음 인식하게 되었어.

2001-2014 아프가니스탄

바스티온 캠프는 3,000명이 넘는 영국 군인들을 위한 기지로 건설되었어. 이 기지에는 텐트로 이루어진 수술장, 병동, 엑스선 부서, 응급 부서를 갖춘 야전 병원이 있었어. 전문 간호사, 외과의, 방사선 촬영 기사와 다른 전문가들이 신중하게 조직된 팀을 이루어 함께 일했지. 병원이 몇 차례 공격을 받았기 때문에 모든 의료진이 방탄복을 입어야 했어.

간호사가 전문직이 되다

간호사가 환자를 돌보고 유아와 어린이, 노인을 보살핀 역사는 아주 길어. 그렇지만 간호사들은 오랜 기간 형편없는 평가를 받았어. 술에 취했다는 비난을 받았으며, 너무 늙거나 무지해서 신뢰할 수 없다고 여겨졌지! 간호사들은 가정에서 환자를 돌보는 것은 물론이고 야전 병원에서도 일했어. 크리미아전쟁(1853-1856)에 참전한 영국 여성들과 남북전쟁(1861-1865) 기간에 미국 간호사들이 보여 준 활약 덕분에 1800년대부터 간호사가 전문직으로 자리잡았지.

등불을 든 여인

플로렌스 나이팅게일(1820-1910)은 아마 역사상 가장 유명한 간호사일 거야. 가족들의 반대에도 불구하고 나이팅게일은 독일에서 간호사 훈련을 받은 뒤에 런던에서 일을 시작했어. 1854년에 전쟁부 장관 시드니 허버트가 나이팅게일에게 튀르키예 콘스탄티노플의 스쿠타리 병원으로 갈 여성들을 모집해 달라고 요청했어. 크리미아전쟁에서 다친 군인들을 치료할 간호사가 필요했거든. 이 병원의 환경은 충격적이었어. 한 군의관이 병동을 시골길이나 다름없는 진흙탕이라고 묘사했을 정도였지! 전장에서 입은 부상으로 사망하는 군인보다 병원에서 걸린 질병으로 사망하는 군인이 더 많았어. 나이팅게일은 모두가 놀랄 만큼 체계적인 방법으로 병원 환경을 변화시켜 나갔어. 밤마다 환자들을 확인하러 다니는 것이 나이팅게일의 일과였는데, 이 모습을 '등불을 든 여인'으로 묘사한 신문 기사 덕분에 나이팅게일은 영국에서도 명성을 얻었어.

나이팅게일은 간호 업무를 개선하고 훈련 과정과 병원의 수준을 높이는 일에 여생을 바쳤어. 그 결과로 런던의 세인트 토머스 병원에 간호학교가 설립되었어. 환기가 잘 이루어지고 체계적으로 설계된 '나이팅게일식' 병동은 병원 환경을 바꾸었지. 이런 아이디어는 전 세계로 퍼져 나갔어. 미국의 남북전쟁 기간에 약 2,000명의 간호사가 자발적으로 참전했고, 1870년대에는 나이팅게일의 권고를 따라서 미국 최초로 간호학교 세 곳이 문을 열었어.

메리 시콜

1855년에 크리미아반도로 간 또 다른 유명한 간호사는 메리 시콜(1805-1881)이야. 1857년에 출판된 『시콜 여사가 여러 나라에서 경험한 멋진 모험』이라는 책에 그의 이야기가 실려 있어. 시콜의 어머니는 아프리카와 카리브해 의학 전통을 결합한 방법으로 자메이카에서 영국 장교와 그 가족을 치료했어. 시콜은 어머니에게 간호 지식을 배웠지. 시콜은 자메이카에서 영국 군인들을 간호하고, 파나마에서 콜레라 환자를 돌보는 등 간호사로 일하다가 크리미아전쟁에서 봉사하기 위해 영국으로 떠났어. 영국 관리들이 자신을 받아들이지 않자, 시콜은 혼자 크리미아반도로 가서 '영국 호텔'을 열었어. 그곳에서 병사들에게 음식과 물을 제공했으며, 전장에서 다친 부상병을 치료했어.

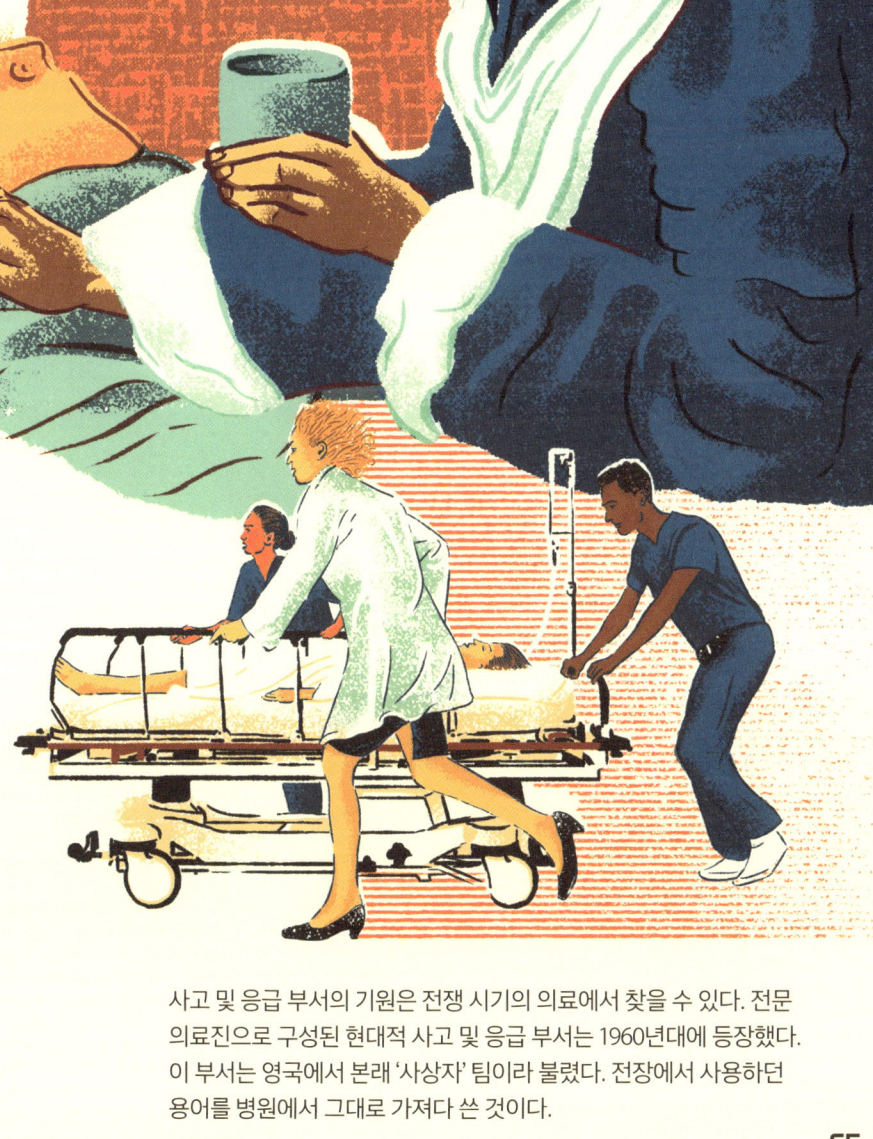

전문직 간호사

1880년대 후반부터 세계 곳곳에서 전쟁이 벌어질 때마다 병사들을 돌볼 간호사를 모집했어. 제1차 세계 대전 때는 간호사 수천 명이 전장과 병원선에서 복무했어. 많은 이가 자발적으로 전쟁터로 향했지. 간호사들은 거의 모든 주요 전쟁에서 군인들과 나란히 전장을 누볐으며 인도적인 활동에도 참여했어.

다른 의료 전문직과 마찬가지로, 간호사들은 꼭 군 복무가 아니더라도 일하기 위해 전 세계를 여행해. 특히 영연방 국가에서 많은 간호사가 영국으로 왔어. 영국에서 국가보건서비스가 새롭게 시행되면서 생기는 일자리를 얻기 위해서였어. 오늘날 간호사는 의료팀의 우수한 구성원으로 수술에 참여하며, 병원과 진료소, 가정을 방문하여 환자를 돌보지. 평판이 형편없던 간호사가 전문직으로 자리를 잡을 때까지 오랜 역사가 필요했어.

사고 및 응급 부서의 기원은 전쟁 시기의 의료에서 찾을 수 있다. 전문 의료진으로 구성된 현대적 사고 및 응급 부서는 1960년대에 등장했다. 이 부서는 영국에서 본래 '사상자' 팀이라 불렸다. 전장에서 사용하던 용어를 병원에서 그대로 가져다 쓴 것이다.

기적의 약, 페니실린

항생제가 개발되기 전에는 사람들이 폐렴이나 감염 같은 세균성 질병으로 종종 사망했어. 곰팡이는 오래 전부터 감염된 상처 치료에 쓰였어. 그렇지만 1928년에 발견된 페니실린이 1940년대 들어 기적의 약이 된 것은 제2차 세계 대전 때 다친 병사들을 긴급하게 치료할 필요가 생겼기 때문이었지.

우연한 발견

1928년 10월, 런던의 세인트메리 병원 소속 과학자인 알렉산더 플레밍(1881-1955)이 박테리아 조사를 위해 사용하던 배양 접시에서 곰팡이가 자라는 것을 발견했어. 곰팡이 주변의 박테리아는 모두 죽어 있었지. 플레밍의 연구 결과, 이 곰팡이에서 추출한 즙이 여러 종류의 박테리아를 죽인다는 사실이 밝혀졌어. 플레밍은 이 물질에 페니실린이라는 이름을 붙였어. 하지만 이 물질을 실제로 쓸 수 있는 약으로 바꾸는 것이 불가능하다고 생각하고는 곧 다른 연구를 시작했지.

추출에 성공하다

호주 출신 하워드 플로리(1898-1968)와 독일 태생인 언스트 체인(1906-1979)이 1930년대에 옥스퍼드에서 연구팀을 이끌고 있었어. 이 팀이 플레밍의 연구를 다시 검토했지. 3년의 연구 끝에 순수한 페니실린을 제조하는 데 성공했는데, 감염된 쥐에게 시험했더니 즉시 효과를 나타냈어. 다음 과제는 인체 시험에 사용할 만큼 충분한 페니실린을 생산하는 방법을 알아내는 거였어. 욕조, 요강, 우유 교반기 등 각종 배양 용기를 사용하여 추출한 페니실린은 아주 적은 양이었어. 결국, 연구팀의 일원인 노먼 히틀리(1911-2004)가 특수 배양 용기를 설계하고 '페니실린 아가씨'라고 불린 여섯 명이 '곰팡이 즙'을 추출하기 위해 매달렸지.

1941년에 처음으로 페니실린이 환자 치료에 사용되었어. 환자는 장미 가지를 자르다가 얼굴을 베인 경찰관이었어. 페니실린이 효과를 보였지만, 양이 모자라 결국 환자는 회복하지 못하고 며칠 뒤 사망했지.

1. 푸른곰팡이는 자연적으로 항생 물질인 페니실린을 생산한다. 1940년대에 과학자들이 썩은 멜론에서 자란 곰팡이가 플레밍의 원 샘플보다 페니실린을 6배나 많이 생산한다는 사실을 발견했다.

2. 환자를 치료하기에 충분한 페니실린을 생산하기 위해 과학자들은 심층 발효 탱크를 사용했다. 또한 당분 함량이 높은 옥수수 침지액과 다른 성분과 혼합하여 만든 곰팡이 배양액으로 푸른곰팡이의 성장을 촉진했다.

미국에서 대량 생산이 이뤄지다

페니실린이 생명을 구할 수 있음에도 불구하고, 제2차 세계 대전 당시 영국에는 이 약품을 대량으로 생산할 능력을 갖춘 기업이 없었어. 플로리와 히틀리는 미국으로 날아가 제약회사들을 설득했어. 마침 1941년 12월에 미국이 참전했고, 미군의 건강을 지키고 전투 능력을 갖추는 데 페니실린이 필수적이라는 공감대가 형성되었어. 미국 정부가 지원에 나섰고, 약 20개의 제약회사가 협력해 미군과 동맹국 군인들이 사용하기에 충분한 양을 생산했어.

3. 그런 다음 어려운 과정을 거쳐서 곰팡이에서 페니실린을 추출했다.

4. 마지막으로 진공 동결 건조법으로 페니실린을 정제하여 항생제를 만들었다. 원래는 페니실린을 주사기로 주입하다가 나중에 입으로 복용하는 방식으로 바뀌었다.

페니실린의 영향

영국에서는 1946년에 처음으로 일반인들이 페니실린을 사용하게 되었으며, 1940년대 말에는 매달 25만 명 이상이 페니실린 처방을 받았어. 이전에는 치료할 수 없었던 상태의 환자도 치료가 가능해졌고, 외과의들은 좀 더 과감한 수술을 시도할 수 있었지. 한편 박테리아도 진화하여 페니실린과 다른 항생제에 내성을 지니게 되었어. 과학자들이 기존 항생제를 대체할 약품을 찾기 위해 열심히 연구 중이야.

특별한 상황, 특별한 의료

외부에서 도움을 받을 수 없는 낯설고 위험한 곳으로 갈 예정이라면, 건강을 지키고 응급 상황에 대처할 계획을 반드시 세워야 해. 휴가를 떠날 때는 구급상자만 챙기면 되지만, 과거 선박에 탑승했던 외과의나 탐험가들은 모든 상황에 대처할 계획을 세워야 했어.

선박의 외과의

상선이든 군함이든, 배를 타고 세계를 여행하는 건 위험한 일이었어. 배에 함께 탄 외과의가 응급 수술을 책임져야 했지. 팔다리를 절단하고, 썩은 치아를 뽑고, 심지어는 선원의 머리카락도 잘랐어! 영국군 소속 외과의였던 존 우돌(1570-1643)이 항해 중에 외과의가 할 업무를 다룬 책 『외과의 조수』를 1617년에 출판했어. 이 책에는 총상, 전염병과 **괴저** 치료에 대한 정보가 들어 있어. 우돌은 이 책에서 항해 중에 감귤류 과일을 먹으라고 조언했는데, 100년여가 지난 뒤에야 스코틀랜드 의사 제임스 린드(1716-1794)가 감귤류가 **괴혈병**을 예방한다는 사실을 밝혀냈지.

1514년에 침몰한 튜더 메리 로즈 호에서 발견된 외과의 상자에는 연고와 압설자가 들어 있었다. 부상이 심해 스스로 음식을 먹을 수 없는 환자에게 사용한 것으로 추정되는 젖병도 고고학자들이 찾아냈다.

'정제' 구급 구급약
응급 상황에 사용하세요.

영국 남극 탐험대
1910
버로스웰컴제약
런던

위험한 탐험

유럽 탐험가들은 이국적인 지역으로 여행하는 동안 수많은 의학적 어려움에 부딪혔어. 그들은 지역 주민의 전문 지식에 기대는 대신 자신들에게 익숙한 치료법을 사용하기 위해 약상자를 가지고 다녔어. 남극을 탐험한 로버트 스콧(1868-1912)을 비롯한 영국 탐험가들은 버로스웰컴제약이 제조한 약상자를 공급받았어(31쪽 참조). 이 회사의 혁신적인 정제는 약을 작은 알 형태로 압축한 것이라 탐험가들에게 안성맞춤이었어.

우주 의학

우주여행은 우주인의 신체에 큰 부담을 줘. 우주에서 누군가 다치거나 아플 때를 대비해 세세한 계획이 필요하지. 1960년대에는 우주인들끼리 서로 감기를 옮기는 일이 생기곤 했어. 오늘날에는 임무에 나서기 전에 우주인들을 약 2주간 격리하여 건강 상태를 확인해. 우주인들은 뇌전증과 천식 같은 질병에 대한 검사도 받아.

모든 우주인이 높은 수준의 응급 처치와 **소생법** 훈련을 받아. 몇몇은 심지어 기본 수술과 치과 처치도 익히지. 우주인의 의료 키트에는 190종이 넘는 의약품이 들어 있어. 그래도 가장 큰 위험은 심각한 부상을 입는 것이므로 우주에서 발생할 수 있는 문제를 예방하기 위해 지상에서 미리 모든 동작을 꼼꼼하게 연습해.

우주인의 실험

우주 임무는 무중력 상태, 제한된 생활 공간, 강한 방사선이 인체에 미치는 영향을 탐구할 수 있는 유일한 기회야. 무중력의 효과로 근육과 뼈가 손실되는 것을 방지하려면 반드시 날마다 운동해야 해. 우주인들이 지구에 사는 우리에게 도움이 될 만한 여러 가지 의학 실험을 실시하는데, 그 가운데 하나가 우주에서 일어나는 뼈 손실에 관한 연구야. 과학자들이 우주에서 뼈 손실이 일어나는 과정과 이를 예방하는 방법을 찾아내면, **골다공증**으로 고통을 겪는 수많은 지구인이 이득을 볼 거야.

의학 발전에 자기 몸을 내놓다

과학자들과 의사들은 새로운 약과 기술을 시험하기 위해 늘 갖은 노력을 다해 왔어. 몇몇은 자기 이론을 증명하기 위해 세균이 바글거리는 토사물을 삼키는 등, 자신을 큰 위험 속으로 몰아넣기도 했지! 개인적으로는 잃을 것이 많았지만, 이들은 자신의 실험이 생명을 구할 수 있다고 생각했어. 실제로도 그런 성과를 거둔 예가 많아.

자신의 주장을 증명하다: 황열병

미국 의사 스터빈스 퍼스(1784-1820)는 황열병이 전염되지 않는다는 사실을 증명하려고 했어. 동물을 대상으로 한 실험이 실패하자 그는 자신을 실험 대상으로 삼았지. 역겨움을 참고 황열병 환자의 거무튀튀한 토사물을 자기 팔에 낸 상처와 눈에 주입한 뒤 마셔 버렸어! 그는 멀쩡했으며, 이로써 황열병이 토사물을 통해 퍼지지 않는다는 걸 증명했어.

쿠라레에 대한 호기심

유럽 과학자들은 남아메리카 **선주민**이 사냥에 사용하는 식물성 물질인 쿠라레에 오랫동안 관심을 가졌어. 1947년, 미국 의사 스콧 스미스는 이 물질의 마취 효과를 시험해 보고 싶었어. 동료들이 쿠라레를 사용하여 그의 몸을 천천히 마비시킨 뒤 핀으로 찔러 보았지. 그는 눈을 깜빡이고 손가락을 움직여 여전히 고통이 느껴진다고 동료들에게 알렸어. 이 실험으로 쿠라레가 매우 효과적인 근육 이완제이지만, 진통제와 함께 사용해야 한다는 사실을 밝혔어.

위 속 박테리아를 물리치다

의사 대부분이 박테리아가 위산에도 죽지 않으며 암과 궤양을 유발한다는 사실을 믿지 않았어. 호주 의사 베리 마셜(1951년 출생)은 동료 의사들이 틀렸다는 걸 증명하려고 했어. 1984년, 그는 자기 이론을 시험하기 위해 헬리코박터 박테리아를 삼켰어. 마셜은 곧 아프기 시작했고, 이로써 박테리아가 **위염**과 궤양을 일으킨다는 걸 입증했지. 그가 위험을 감수한 덕분에 수많은 환자가 항생제로 위염과 궤양을 치료할 수 있게 되었어. 마셜은 2005년에 노벨상을 공동 수상했어.

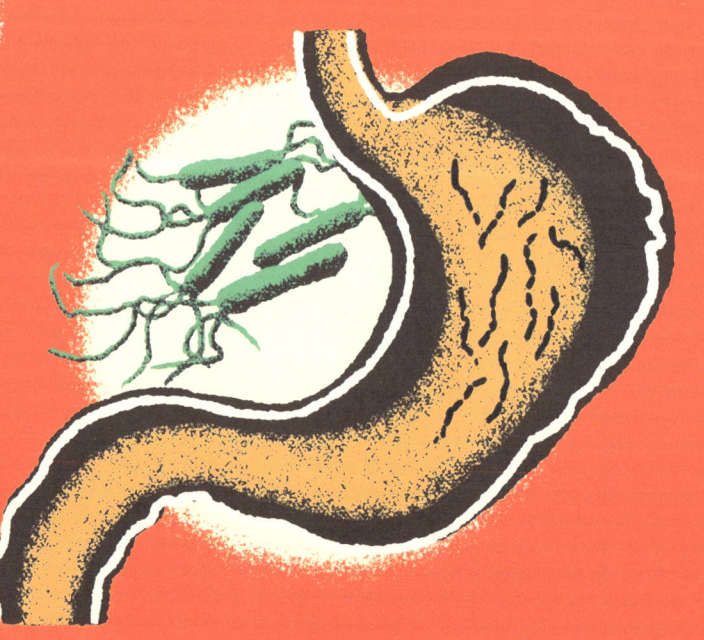

최초의 심장 카테터 삽입

1929년, 독일 의사 베르너 포르스만(1904-1979)은 비밀리에 자기 팔의 정맥을 통해서 카테터를 심장의 오른쪽 심방으로 밀어 넣었어. 어떤 결과를 가져올지 모르는 위험한 처치였지. 포르스만은 이 기술로 혈압을 측정하거나 약이나 생체 염색제를 심장에 안전하게 주입할 수 있을 것이라 기대했어. 정말 그만한 가치가 있는 일이었을까? 실험은 성공했지만, 포르스만은 자신을 대상으로 한 실험 때문에 징계를 받았으며 평판이 나빠져 결국 심장 의학 분야를 완전히 떠나고 말았지. 나중에 놀라운 일이 생겼어. 포르스만이 노벨상을 받은 거야.

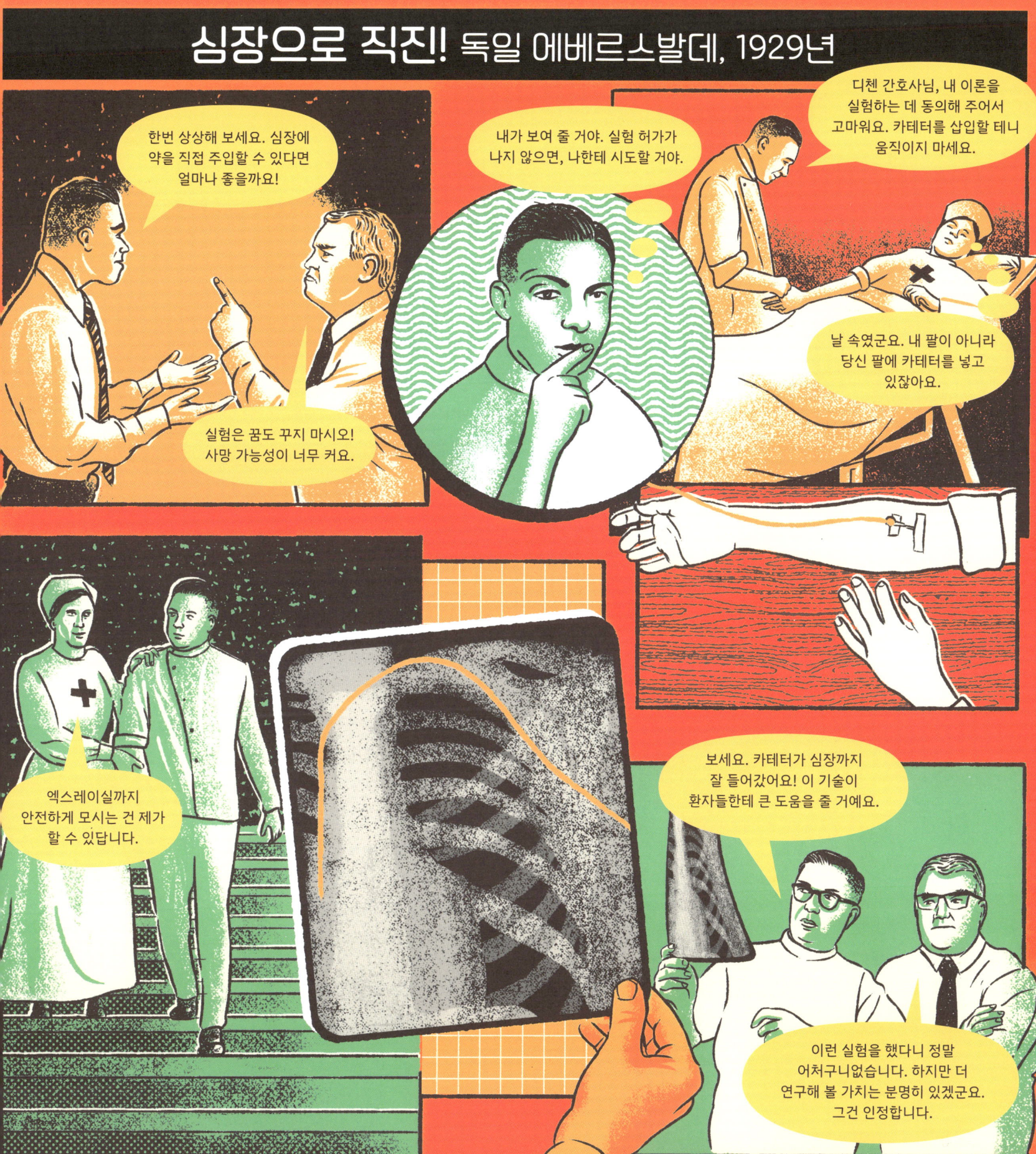

만성 질환

여러 가지 만성 질환이 고대부터 존재했지만, 그 원인에 대한 의학적 이해는 크게 변화했어. 치료법과 생활 조건이 개선되면서 기대 수명도 늘어났어. 다시 말해서 환자와 의료 전문가가 오래가는 질병, 즉 만성 질환을 치료하며 살아가는 새로운 방법을 찾았다는 뜻이지.

천식

천식은 기도가 부어오르고 다량의 점액이 생성되는 폐 질환이야. 고대 그리스인도 이 병을 알았어. 우슬초 같은 약용 식물을 사용하거나 동물 피를 마시고 여우 폐를 먹는 등의 방법으로 치료했지! 오늘날에는 흡입기로 천식 환자의 호흡 곤란을 효과적으로 치료해. 흡입기에 근육을 이완시키고 기도를 열어 주는 약물이 들어 있거든.

놀랍게도, 1900년대에는 흡연이 천식 치료법 가운데 하나였어. 흰독말풀 잎에 들어 있는 약용 성분을 환자 폐로 보내려는 의도였대!

뇌전증

뇌전증은 뇌의 전기 활동이 갑자기 폭발적으로 일어나면서 발작이나 경련을 일으키는 질병이야. 과거에는 뇌전증을 '쓰러지는 병'이라고 불렀어. 뇌전증 발작을 신비롭게 여기거나 초자연적 힘이 일으키는 것으로 보기도 했지. 오늘날에는 신경계와 뇌의 전기 자극에 대한 지식을 바탕으로 뇌전증을 이해해. 1000년 전쯤, 이슬람 의사 이븐 시나(980-1037)가 뇌전증을 제대로 파악했던 것 같아. 뇌전증 환자의 이마에 전기가오리를 대라고 했거든! 1860년대에 이르러 영국 의사 존 휼링스 잭슨(1835-1911)이 신경에서 근육으로 과도한 에너지가 방출되는 것이 뇌전증 발작의 원인이라고 주장했어. 1929년, 독일 정신과 의사 한스 베르거(1873-1941)가 뇌파계(EEG)를 발명하여 뇌의 전기 활동을 측정하게 되었어. 오늘날 의사들도 뇌전증 진단에 뇌파계를 사용하지. 전 세계적으로 약 5,000만 명이 이 질환을 앓고 있으며, 대부분은 약물로 증상을 관리하며 살아가.

모자나 그물 형태의 뇌파 측정 장치에는 많은 전극이 부착되어 있으며, 전극은 환자의 두피와 연결된다. 이 전극이 뇌에서 나오는 전하를 측정한다.

당뇨병

당뇨병은 역사가 긴 질병이야. 당뇨(糖尿)는 '당분이 많이 섞인 오줌'이라는 뜻인데, 실제로 당뇨병 환자의 오줌은 달아. 당뇨병은 인슐린이라는 호르몬이 부족하거나 제대로 공급되지 않아서 혈당 수치가 조절되지 않는 질병이야. 예전에는 탄수화물이 포함되지 않은 식단을 엄격하게 지키는 것이 유일한 치료법이었지. 그렇지만 1800년대 후반부터 이루어진 여러 발견으로 이 질환을 더 잘 이해하게 되었어. 인슐린을 주입하여 혈당을 관리할 수 있게 되자 당뇨병 환자들은 과거 환자들과는 아주 다른 삶을 살게 되었어.

1869년 핵심 발견
독일 과학자 파울 랑게르한스(1847-1888)가 인슐린을 생산하는 세포를 발견했다.

1889년 췌장의 중요성
오스카 민코프스키(1858-1931)와 요제프 폰 메링(1849-1908)이 개한테서 **췌장**을 제거하면, 개가 당뇨병에 걸린다는 사실을 보여 주었다. 그들은 췌장이 혈당 수치를 조절하는 중요한 기관이라고 결론지었다.

1906년 췌장의 섬
리디아 디윗(1859-1928)이 췌장에서 랑게르한스섬이라고 부르는 세포 덩어리를 분리했다. 그는 이 세포 덩어리가 우리 몸이 탄수화물을 에너지로 전환하는 데 도움이 되는 물질을 분비한다는 것을 발견했다.

1900년 새로운 용어
장 드 메예르(1878-1934)가 이 분비물을 '인슐린'이라고 부르자고 제안했다. 라틴어로 섬을 뜻하는 말에서 딴 것이었다.

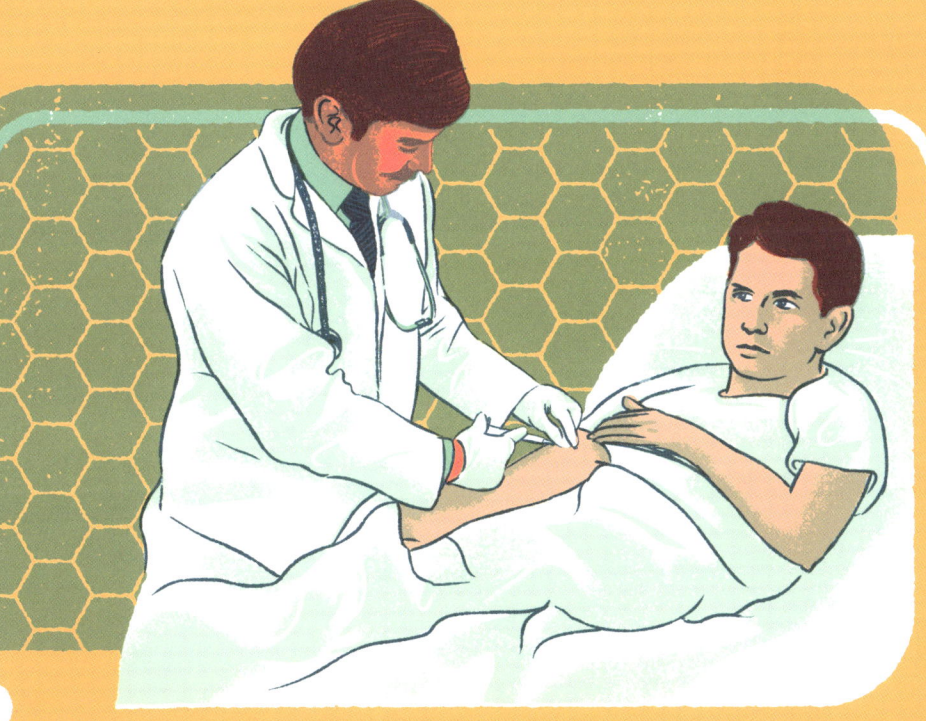

1922년 삶을 바꾸는 혁신
캐나다 토론토에서 열네 살짜리 당뇨병 환자인 레너드 톰슨이 처음으로 인슐린 주사를 맞았다. 프레더릭 밴팅(1891-1941), 존 매클라우드(1876-1935), 제임스 콜립(1892-1965), 찰스 베스트(1899-1978), 이렇게 네 사람으로 이루어진 연구팀이 개와 소에서 추출한 인슐린을 정제하는 데 성공했다.

1960년대 새로운 방법
이전까지는 인슐린을 소와 돼지에서 정기적으로 추출해 사용했지만, 1960년대에 과학자들이 인슐린을 화학적으로 **합성**하는 방법을 개발하여 대량 생산이 가능해졌다.

1970년대 저렴한 치료제
1970년대에 독일 과학자 악셀 울리히(1943년 출생)가 복제한 인간 유전자로 인슐린을 생산하는 엄청난 발전을 주도했다. 이로써 당뇨병 치료 비용이 훨씬 낮아졌다. 오늘날에는 거의 모든 당뇨병 환자가 동물에서 추출한 제품이 아니라 인간 인슐린을 주입한다.

이식, 새 생명을 얻다

최근까지도, 몸의 기관이 제 기능을 못하거나 고칠 수 없을 정도로 손상되면 선택할 방법이 별로 없었어. 심지어는 목숨을 잃기도 했지. 심장이나 신장 같은 내부 장기를 교체하는 일은 의사와 외과의들에게 매우 어려운 의료 과제였어. 또한 타인의 생명을 구하는 장기 기증은 기증자나 그 가족의 결정에 기댈 수밖에 없는 일이기도 하지.

거부 반응에 대처하기

20세기 초반에 이루어진 장기 이식 실험은 수혜자의 몸이 이식한 장기를 거부하는 바람에 종종 실패했어. 1954년, 미국 외과의 조지프 E. 머리(1919-2012)가 이끄는 팀이 살아 있는 공여자 로널드 헤릭의 신장을 그의 일란성 쌍둥이인 리처드에게 이식하는 데 성공하면서 돌파구가 열렸어. 공여자와 수혜자의 유전자가 같았던 것이 이 수술이 성공한 가장 큰 이유야.

연구자들은 우리 몸이 외부에서 들어온 조직과 장기에 보이는 자연스러운 거부 반응을 극복하도록 만들기 위해 밤낮없이 매달렸어. 그들의 연구 결과로 면역 억제제가 개발되었어. 과학자들 중에서도 브라질에서 태어난 영국 과학자 피터 메더워(1915-1987)가 한 인간의 조직을 유전적으로 관계가 없는 다른 인간의 신체에 이식하는 방법을 탐구했지.

심장을 우회하다

미국인 부부인 존 기번과 메리 기번이 1953년에 인공 심폐기를 발명했어. 이로써 심장 벽을 잘라서 수술하는 개심술이 가능해졌으며 심장 이식도 고려할 수 있게 되었지. 오늘날에도 여전히 필수적인 이 장치는 심장과 폐 대신에 환자의 혈액에 산소를 공급하고 혈액이 몸을 순환하도록 해 줘.

새로운 심장

1967년 12월 3일, 남아프리카공화국에 살던 54세의 루이스 워시칸스키가 역사상 처음으로 심장을 이식받았어. 외과의 크리스티안 바너드가 30명의 의료진과 함께 루이스의 병든 심장을 제거했어. 그 뒤에 교통사고로 사망한 여성의 심장을 루이스의 몸에 이식하고 거부 반응을 방지하기 위하여 약물을 대량으로 투입했지. 안타깝게도 루이스는 12월 21일에 사망했지만, 선구적인 수술에 동의한 그의 용기가 미래의 성공으로 가는 길을 열어 주었지.

얼굴 이식

21세기 초에 영국, 프랑스, 미국의 의사들은 얼굴 이식을 할 능력을 갖추게 되었어. 하지만 환자의 손상된 얼굴을 사망한 사람의 얼굴로 교체하는 것은 여러 가지 어려운 윤리적 판단이 결부된 문제였지. 2005년 프랑스에서 이자벨 디누아르가 처음으로 부분 얼굴 이식 수술을 받았어. 이후 2010년에는 스페인 농부가 피부와 핏줄 같은 연조직과 기본 뼈 구조를 포함해 얼굴 전체를 이식받았지. 전 세계에서 지금까지 이루어진 얼굴 이식 수술은 50건이 안 되며, 여전히 논란거리야.

인공 기관

신체 일부가 없이 태어나거나 질병이나 사고로 장애가 생긴 사람도 인공 기관을 사용해 독립적인 생활을 할 수 있어. 인공 기관의 역사는 놀랄 만큼 길어. 3,000년 전 고대 이집트의 사제 안크헤펜무트에게는 인공 발가락이 있었지! 인공 기관이 필요한 사람들은 전문가들이 인간의 팔다리를 대체할 발명품을 고안하는 과정에서 부닥치는 기술적 과제를 해결하도록 도움을 주었어. 최근 들어 기술이 비약적으로 발전해 인공 기관을 단 사람들이 말 그대로 나는 듯이 뛰어오르게 되었어.

초기 의족

1200년대 이후 유럽에서 나온 책과 원고를 보면, 전투에서 입은 부상이나 **한센병**으로 다리를 잃은 사람들이 단순한 나무 의족을 무릎 아래에 고정해서 사용했다는 내용이 나와. 프랑스 군의관 앙브루아즈 파레(1510-1590)가 1579년에 처음으로 인공 팔과 다리 설계도를 펴냈어. 자기 환자가 절단으로 얼마나 깊은 상처를 받았는지 잘 알았던 파레는 실제 관절을 본떠서 인공 팔다리를 발명했어. 그가 발명한 인공 다리는 무릎 부위를 구부릴 수 있었어.

전쟁의 영향

제1차 세계 대전에 참전했던 수많은 병사가 다리나 팔이 절단된 채 돌아오자, 각국 정부는 인공 사지의 품질과 공급을 개선하는 행동에 나서야 했어. 조국을 위해 봉사하다가 다친 부상병들이 정상 생활을 할 수 있도록 돕는 과정에서 장애인에 대한 태도도 바뀌었지. 영국에서는 1915년에 로햄튼의 퀸 메리 병원에 인공사지 제작 및 부착 센터가 설립되었어. 참전 군인들 가운데 몇몇은 스스로 인공사지 제작 훈련을 받기도 했지.

첨단 인공 기관

비록 개발에 엄청난 비용이 들긴 하지만, 최신 기술이 인공사지 분야에서 혁명을 일으켰어. 성형용 실리콘으로 인공사지 바깥층을 만들면 실제 피부와 거의 흡사하며 털과 주근깨도 넣을 수 있어. 컴퓨터 기술과 로봇 공학을 적용한 인공사지는 사용자가 생각만으로 움직임을 조절할 수 있지. 심지어 내장된 컴퓨터가 인공사지가 느낀 감각을 사용자 뇌로 보낼 수도 있어.

대담한 블레이드

가장 유명한 인공 다리 사용자들은 아마 패럴림픽 선수들일 거야. 그들이 사용하는 멋진 블레이드는 자신도 다리 한쪽이 없는 반 필립스(1954년 출생)가 1970년대에 처음 발명했어. 그는 캥거루와 치타에서 영감을 받았어. 속도와 도약을 위해 설계한 블레이드는 인간 다리와 닮은 구석이 거의 없어. 유명한 운동선수들이 장애에 대한 시선을 변화시켰어. 인공사지는 이제 더 이상 숨겨야 할 물건이 아니야.

미래의 도전에 맞서며

지금까지 먼 길을 걸어왔지만, 건강과 의료에 관계된 모든 이들은 미래에도 끊임없이 도전해야 해. 어려운 결정을 내리게 되겠지. 막다른 골목과 비극적 사건도 맞이할 거야. 하지만 인류가 자신의 복잡하기 짝이 없는 신체를 붙들고 씨름하는 동안 놀라운 혁신 또한 일어날 거야. 연구자와 의료진은 역사에서 얻은 영감과 최첨단 기술로 치료법을 혁명적으로 바꾸는 동시에 끝없는 난관에 정면으로 맞설거거든.

과거를 공부해야 하는 이유

과학자들은 신약 개발에 필요한 실마리를 찾기 위해 종종 역사가들과 협력했어. 특히 병원에서 쉽게 퍼지는 슈퍼 박테리아에 대처할 방법을 찾을 때 국제 연구팀이 흥미로운 성공을 거두었지. 가령 연구진은 10세기에 앵글로색슨족이 눈병 치료에 사용한 약이 **메티실린 내성균(MRSA)**을 비롯하여 다양한 미생물을 죽였다는 사실을 밝혔어. 그리고 그 약 안에 든 꿀과 꽃가루에서 미래 항생제 개발에 필요한 단서를 찾아냈지. 연구자들은 버드나무에서 아스피린을, 그리고 개똥쑥에서 아르테미시닌을 찾아낸 것처럼 잠재적인 암 치료제를 찾기 위해 기존 약용 식물을 다시 조사하고 있어.

슈퍼 항생제와 슈퍼 박테리아의 대결

페니실린을 발견한 뒤부터, 과학자들이 100종 이상의 다양한 항생제를 개발하여 질병과 감염을 치료했어. 하지만 박테리아도 많은 항생제에 내성을 지니게 되었어. 특히 대장균 같은 '슈퍼 박테리아'는 치료가 극도로 어려워. 어쩌면 우리는 대수롭지 않은 감염으로 목숨을 잃는 시대로 되돌아갈지도 몰라. 이제 장티푸스 같은 질병은 거의 모든 항생제에 내성을 가지게 되었거든. 특히 가난한 나라나 재난 지역에서는 그러한 일이 벌어질 가능성이 매우 커.

최첨단 기술

발명가들이 만든 로봇 덕분에 외과의는 전장이나 우주처럼 멀리 떨어진 곳에 있는 환자를 수술할 수 있어. 로봇이 내시경으로 환자 몸 내부를 촬영해서 3D 이미지를 만들면, 외과의가 그걸 보고 제어 장치를 작동하는 거지. 외과의 손의 움직임은 로봇에 장착된 수술 도구의 정교한 동작으로 변환돼. 수술 로봇은 상상할 수 없을 만큼 비싸고 외과의는 수술 로봇을 다루는 데 필요한 전문 기술을 익혀야 해. 하지만 수술 로봇은 대단히 정확하며, 아무리 뛰어난 외과의라도 피할 수 없는 손의 떨림도 거의 없어. 또한 안전한 장소에서 수술할 수 있도록 해 줘.

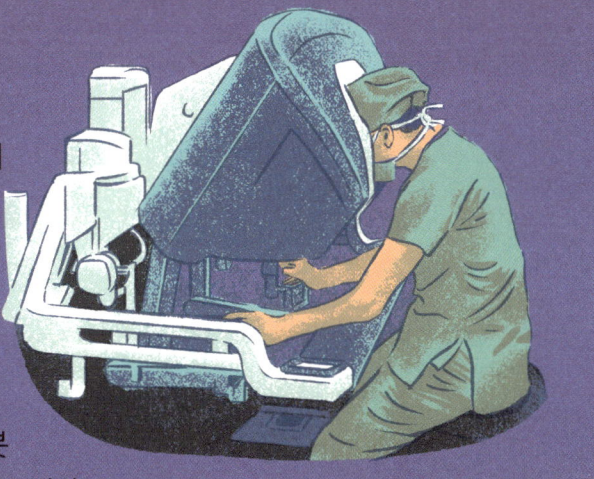

의약품 연구자들은 3D 프린팅 기술로 정제를 인쇄하듯 만드는 데 성공했어. 이 방법은 의약품을 개별 환자에 맞추어 제조할 수 있고, 운송 비용도 들지 않으며, 지구 온난화에 영향을 주지도 않아. 의치, 의료 기구, 뼈와 조직을 제조하기 위한 3D 프린팅 기술도 개발 중이야. 미래에는 3D 프린터로 만든 장기를 이식하는 것이 가능해질 것이다!

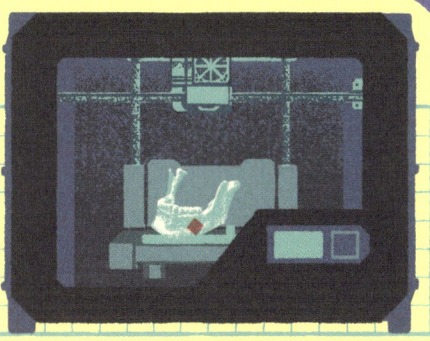

개인 맞춤 의약품

지금은 과학자들이 인간의 유전자 코드를 이해하고 있으므로(25쪽 참조), 개인의 신체 사용 설명서, 즉 유전체와 완벽하게 조응하는 의약품을 만들 가능성이 생겼어. 이런 개인 맞춤 의약품을 사용하면 부작용을 피하면서 개별 환자에게 가장 잘 듣는 치료를 할 수 있지. 또한 과학자들은 인간의 신체와 질병 사이의 복잡한 연결고리를 정확하게 표적으로 삼는 의약품 개발 연구를 진행 중이야. 에이즈, 낭성 섬유증, 희귀 소아암 환자들을 대상으로 한 선구적 연구는 이미 시작되었어.

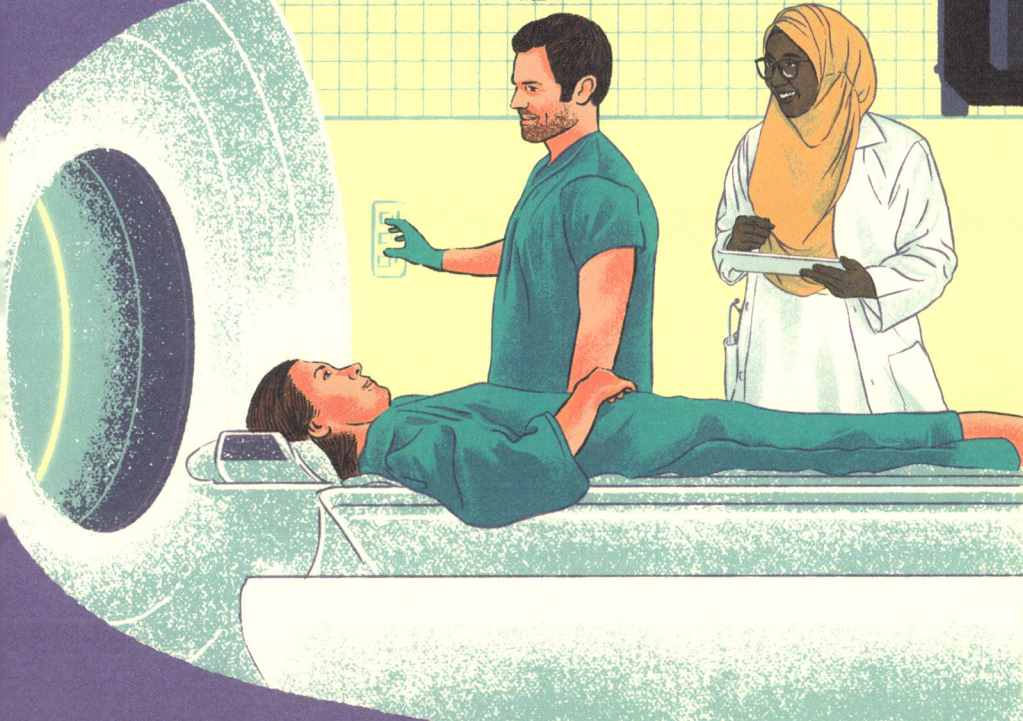

함께 품는 희망

미래 의료의 성공 여부는 환자와 전문가 사이의 협력에 달려 있어. 개인 차원에서는 환자와 의사의 협력이 필요하지. 개발 중인 치료법을 어떻게 적용할 것인지 함께 결정해야 하니까. 국제 협력도 매우 중요해. 먼저, 세계적인 유행병을 방지하기 위해서 현재 진행 중인 공중 보건 조치들이 필수적이야. 전 세계가 함께 하는 협력 관계에서는 새로운 진보가 부유한 나라에만 이득이 되지 않도록 보장해야 해. 세계 모든 사람이, 어디에 있느냐에 관계없이, 자기에게 필요한 의약품과 치료를 받는 것. 그것이 우리가 함께 품은 미래에 대한 희망이 되어야 해.

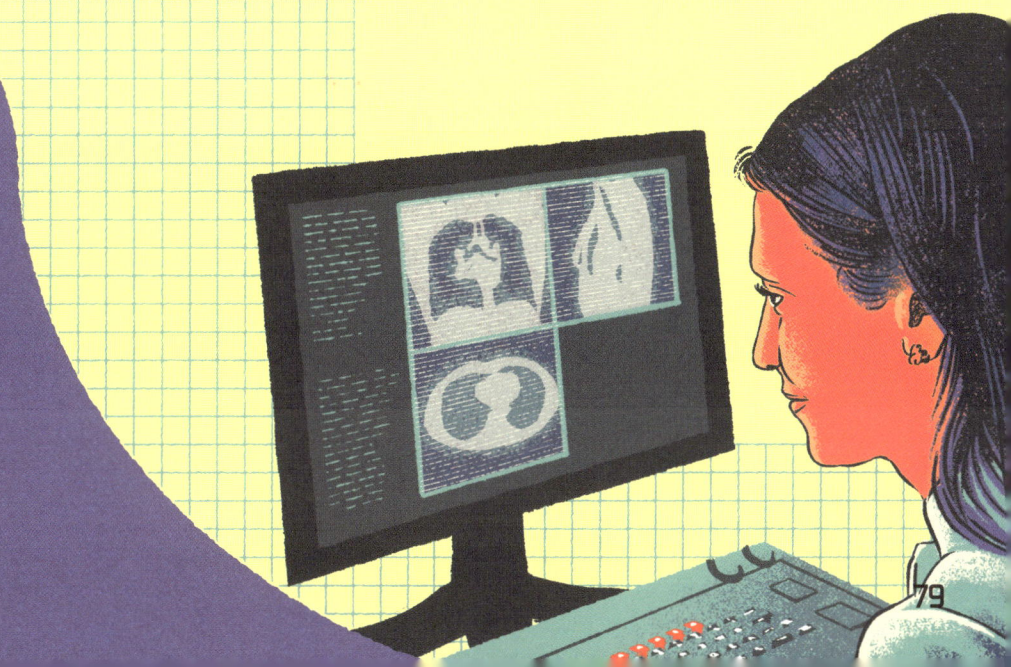

용어 해설

HIV(인간 면역 결핍 바이러스) 면역계에 손상을 입혀 신체가 감염이나 질병과 싸우기 어렵게 만드는 바이러스

가연성 쉽게 불이 붙는 성질

격리 질병 전파를 막기 위하여 사람 또는 동물을 고립시키는 일

결핍 신체에 비타민 같은 물질이 부족한 상태

결핵 주로 폐에 영향을 끼치는 박테리아 감염

고고학자 유적지를 발굴하고 거기서 찾은 증거를 분석하여 역사를 연구하는 학자

골다공증 뼈조직이 엉성해지는 증상

골절 뼈가 부러짐

광견병 뇌와 신경이 바이러스에 감염되는 심각한 질병으로 보통 감염된 동물을 통해 전염되며 현재는 매우 드물다.

괴저 혈액 공급이 중단되어 신체 조직이 죽는 심각한 상태

괴혈병 식단에 비타민C가 매우 부족할 때 생기는 질병

구루병 어린이 뼈 발달에 영향을 미치는 질병으로 보통 비타민D나 칼슘 부족이 원인이다.

기관지염 폐로 통하는 기관지가 감염되어 생기는 염증

기생충 다른 생물의 내부에 살거나 외부에 붙어서 사는 유기체

내시경 수술하지 않고 신체 내부 기관을 관찰할 때 쓰는 기구로 가늘고 긴 관 모양이며, 한쪽 끝에 조명과 카메라가 달려 있다.

뇌전증 뇌의 전기 활동이 폭발적으로 일어나 발작이나 경련을 일으키는 증상

담즙 간에서 만들고 쓸개에 저장되는 쓴 액체로 소화를 돕는다. 고대 사체액설을 구성하는 체액의 하나.

당뇨병 혈당 수치가 너무 높게 유지되는 질병으로 평생 관리해야 하는 만성 질환이다.

대장균 장에 사는 박테리아로 심한 위경련, 설사, 구토 등을 일으킬 수 있다.

독소 독성을 띤 물질

디프테리아 주로 목과 코에 영향을 미치는 박테리아 감염으로 전염성이 매우 높다.

마비 신체 일부 또는 전체의 운동 능력을 잃어버리는 일

마취 감각이나 의식을 잃게 조절하여 수술 중 통증을 느끼지 않도록 한 상태

매독 박테리아 감염병으로 보통 감염된 사람과의 성관계를 통해 전염된다.

메티실린 내성균(MRSA) 널리 사용되는 몇 가지 항생제에 내성을 지닌 박테리아

면역 질병으로부터 자신을 보호하는 사람의 능력

면역계 감염을 방어하는 우리 몸의 체계

무균 질병을 일으키는 미생물이 없는 상태

무균법 외과 수술을 할 때, 수술실과 수술 도구 따위를 소독해 세균에 감염되는 일이 없도록 균이 없는 상태를 만드는 방법

백신 면역계가 병원체를 공격하는 데 적합한 항체를 생산하도록 유도하는 물질

변비 대변을 몸 바깥으로 내보내는 데 어려움이 있는 증상

병원체 질병을 일으키는 박테리아, 바이러스 또는 다른 유기체

보툴리누스중독 독성 박테리아가 일으키는 위독한 질병으로 지금은 드물게 발생한다.

복제 DNA 일부를 이용하여 똑같은 세포를 만드는 것

사스(중증 급성 호흡기 증후군) 매우 심각한 전염성 폐렴을 일으키는 코로나바이러스 감염

산부인과 출산과 임산부를 돌보는 일을 전문으로 하는 의학 분야

생리학자 신체의 작동 방식을 전문으로 연구하는 과학자

생체 해부 살아 있는 동물을 대상으로 과학적 실험을 하는 일

선주민 특정 지역에 원래부터 살고 있던 사람들

소생법 의식이 없거나 심장이 정지한 사람을 되살리는 처치

소아마비 뇌와 척수의 신경을 공격하여 마비를 일으키는 심각한 바이러스 감염. 현재는 매우 드물다.

수혈 한 사람의 혈액이나 체액을 다른 사람 몸에 주입하는 일

식민지 다른 나라에 예속되어 자기 주권을 잃어버린 나라

신경학 신경계를 연구하는 의학의 한 분야

심방 심장에 있는 네 공간 가운데 위쪽에 있는 두 방

쐐기문자 고대 메소포타미아와 페르시아에서 사용한 문자 체계

아유르베다 전통 힌두 의학 체계

알츠하이머병 치매 또는 뇌 기능 저하의 가장 흔한 형태

약사 약을 조제하는 전문 자격을 갖춘 사람

약종상 과거에 약을 제조하고 판매했던 사람

에이즈(후천 면역 결핍증) HIV 바이러스가 신체의 면역계에 심각한 손상을 입혀 여러 가지 감염으로 사망에 이를 수 있는 질병

엑스선 결정학 엑스선을 이용하여 원자나 분자의 구조를 알아내는 과학 연구 방법

연주창 목 림프샘에 부종을 일으키는 결핵의 일종을 가리키는 역사적 단어

우나니 티브 중앙아시아와 남아시아에서 시행된 고대 의료 체계

우울증 의욕이 낮고 우울한 감정이 지속되어 정신 기능이 저하되는 정신 질환

위약(플라세보) 실제로는 의학적 효과를 발휘하지 않는 가짜 약

위염 위벽이 손상되고 염증이 생긴 상태

유행성이하선염 바이러스성 전염병으로 볼이 고통스럽게 부어오르는 증상이 나타난다.

이질 피와 점액이 포함된 설사를 유발하는 장 감염

인슐린 체내에서 혈당 수치를 조절하는 호르몬

장티푸스 전염성이 강한 박테리아 감염병으로 여러 장기에 영향을 준다.

절단술 팔이나 다리 같은 신체 일부를 제거하는 수술

점액 끈적끈적한 물질로 특히 감기에 걸렸을 때 많이 생성된다. 역사적으로 사체액설을 구성하는 네 가지 체액 가운데 하나.

정맥 혈액 순환계를 이루는 혈관의 한 종류

정신 의학 정신 질환, 행동과 감정을 연구하는 학문 분야

조증 과도한 흥분 상태를 느끼고 과잉 행동을 하도록 만드는 정신 건강 상태

종기 감염으로 인한 고름 덩어리로 피부가 부어오르고 고통스럽다.

중국 전통 의학 고대에 중국에서 발전하여 지금도 쓰이고 있는 의료 체계

처방 환자에게 약을 투여하기 위해 의사가 작성한 지시

췌장 위 뒤쪽에 있으며 소화를 돕는 작은 기관

카테터 방광이나 심장을 비롯하여 신체 내부로 삽입할 수 있는 가늘고 유연한 관

콜레라 극심한 설사와 탈수를 일으키는 박테리아 감염으로 사망에 이를 수도 있다.

큐레이터 박물관에서 일하는 사람으로 역사적 유물을 관리한다.

탄저병 박테리아가 일으키는 심각한 질병으로 소와 양으로부터 인간에게 전염되기도 한다.

통풍 심한 관절 통증을 일으키는 관절염의 한 종류

파상풍 박테리아가 상처로 들어가서 생기는 드물지만 심각한 증상

팬데믹 질병이 넓은 지역이나 전 세계에 걸쳐서 유행하는 현상

편도염 목 뒤쪽에 있는 편도에 생긴 감염

폐렴 박테리아나 바이러스 감염으로 폐에 염증이 생기는 질병

풍토병 특정 지역에서 지속적으로 발생하는 질병

하수 사람이 사용하여 더러워진 물

하제 변비를 치료할 목적으로 장의 배설 활동을 자극하는 물질

한센병 피부와 신경계에 영향을 미치고 심각한 기형을 유발할 수 있는 전염병

합성 화학 공정으로 만드는 일, 종종 천연 제품을 모방한다.

항생제 일부 박테리아 감염을 치료하거나 예방하기 위해 사용하는 약

항체 신체로 침입한 특정 병원체에 반응하는 혈액 속 단백질

해독제 독성 물질의 작용을 억제하기 위해 복용하는 약

해부학 인간과 동물의 신체 구조를 연구하는 학문

호르몬 세포와 기관의 기능을 조절하는 데 도움이 되는 화학 물질로 체내에서 생성된다.

홍역 고열과 발진을 일으키며 전염성이 강한 바이러스성 질병

효소 우리 몸의 화학 반응을 조절하는 단백질